新京报社◎编

突破

实操卷

新京报十周年丛书编委会

主　　任　　戴自更
编　　委　　王跃春　　何龙盛　　王　悦
　　　　　　王爱军　　刘炳路

本书主编　　曹保印
执行主编　　尹武进
编　　辑　　赵勇力　　翟　雪

中国发展出版社
CHINA DEVELOPMENT PRESS

图书在版编目（CIP）数据

突破：实操卷 / 新京报社编. —北京：中国发展
出版社，2013. 11
（新京报十周年丛书）
ISBN 978-7-5177-0029-6

Ⅰ.①突…　Ⅱ.①新…　Ⅲ.①新闻写作
Ⅳ.①G212.2

中国版本图书馆CIP数据核字（2013）第239835号

书　　　名：突破（实操卷）
著作责任者：新京报社
出 版 发 行：中国发展出版社
　　　　　　（北京市西城区百万庄大街16号8层　100037）
标 准 书 号：ISBN 978-7-5177-0029-6
经 销 者：各地新华书店
印 刷 者：三河市文昌印刷装订厂
开　　　本：700mm×1000mm　1/16
印　　　张：10.5
字　　　数：177千字
版　　　次：2013 年 11 月第 1 版
印　　　次：2013 年 11 月第 1 次印刷
定　　　价：30.00元

联 系 电 话：（010）68990535　68990692
购 书 热 线：（010）68990682　68990686
网 络 订 购：http：//zgfzcbs.tmall.com
网 购 电 话：（010）68990639　88333349
网　　　址：http：//www.develpress.com.cn
电 子 邮 件：10561295@qq.com

突破，你能吗？

要做最好的新闻，惟一的经验就是现场、现场、到现场，接近、接近、再接近。为了取证，有人整夜整夜趴在黑工厂的院墙上，证据就在不远处，但咫尺天涯，最后在狗吠声中，终于拿到证据；有人甚至扮成醉汉，匍匐爬行，最终取证；有人混进矿工里面，不顾危险到矿井下面去拍矿难；有人像《射雕英雄传》中的哲别一样，躲在内蒙的草堆里面，等着第二天的"神五"落地……一篇篇优秀新闻作品就是这么诞生的。

直说了吧，不想发表独家报道的记者，不会是好记者；而要想发表独家报道，就必须先实现各种突破，其中最难的是突破自我。独家，可以是独一份的消息，可以是独一份的角度，可以是独一份的观点，可以是独一份的逻辑，还可以是独一份的材料。一个字：独。

怎么突破？突破什么？从哪里突破？突破的功夫如何修炼？

在这篇文章中，我不想说大道理，而只愿讲小故事。悟性高的，自可从故事中明白无数道理，从而举一反三，触类旁通；悟性低的，自可津津有味地看看故事，比葫芦画瓢，学一学实用的小招式。

现在，故事开讲！

厕所里面堵副总理

对，你没看错，就是在厕所里堵副总理，而且堵的是女副总理，不是副总经理，更不是女副总经理。

2005年3月11日下午，国务院副总理吴仪参加全国人大浙江团分组审议，新京报记者赖颢宁被临时派出盯人。到达会场时，吴仪已经安坐在主席台上，会前堵人的机会错过了，赖颢宁只得等待机会。

发言过了大半，吴仪突然起身离座，赖颢宁的第一判断是她要离场，马上提起已经收拾好的手提包，从侧门跟上，录音机攥在手中，准备堵住吴仪副总理采访。

门口近十名工作人员围上，吴仪跟他们简单交谈几句后，独自向前走，高大的保卫人员紧随其后。这时，赖颢宁意识到机会来了，因为吴仪没穿大衣，肯定不是离场，而是上厕所，保卫人员都是男性，不能跟到女厕所，而赖颢宁作为女记者却可以和吴仪单独相处。果然，赖颢宁一路尾随，没有任何阻拦，只有灼灼注视的目光。

吴仪进了厕格，赖颢宁在洗手台假装洗手掩饰，担心吴仪知道自己跟至厕所采访反感。很快，一名女工作人员进来了，很显然，她是被紧急派进来的。赖颢宁的手洗了三四遍了，终于听到了冲水的声音，赖颢宁立即把录音机又攥到右手中，并按下录音按纽。

吴仪走到洗手台，离赖颢宁只有半米距离，赖颢宁左手把水龙头关了，侧身，微笑，说："总理，你好。"吴仪还以微笑。赖颢宁继续说："我是新京报的，想问您一个问题。""哪个报？""新京报！"赖颢宁大声重复了一遍。"噢，好。"这个"好"字，虽然只是意味着吴仪知道的意思，但也是她并不反感的信号。

于是，赖颢宁把问题抛出来了："总理，这次两会很多人大代表提议实行免费婚检，您怎么看？"吴仪一边擦手，一边侧身向赖颢宁回答："我个人的考虑是，在传染病高危地区推行免费婚检……"问题没有结束，吴仪边走边谈，赖颢宁尽量把录音机放得离她近点。一出厕所，那些高大的保卫人员立即围上，在赖颢宁身边隔着。

回答完了后，吴仪快步向前走，回头叮嘱赖颢宁："这个可别帮我报出来，还有很多工作需要做。"她进了会场，工作人员散开了，其中一名保卫人员冲赖颢宁说："真厉害，竟然在厕所堵总理。"

全国两会是每年的新闻盛宴，也是新闻战场，在这个特殊的新闻战场上，不要说独家采访副总理，就是想独家采访参会的代表委员，都会异常艰难。然而，新京报记者赖颢宁偏偏就实现了突破，在厕所里采访到了副总理。虽然采访到的内容当时不能公开报道，但成功采访到吴仪副总理这个故事本身，就已经是极有味道的独家新闻了。

对记者来说，呈现在这类新闻上的突破，就是眼观六路，耳听八方，敏锐捕捉新闻现场的每一个信息，并能够迅速做出精准判断，稍有差迟，独家新闻就会转瞬即逝。它考验的，往往是记者的聪明劲儿、机灵劲儿，当然，做好这一切的前提，是必须要有对采访对象所涉问题的精心准备。否则，就算是将副总理堵在了厕所里，也没多少实际意义。事实上，在全国两会上，类似情况有很多，有不少记者堵住了代表委员，却张口结舌说不出问题，或者所提问题问非所答。

王菲和李亚鹏结婚

对，你还是没看错，就是王菲和李亚鹏结婚，不是离婚。

2013年9月13日，王菲和李亚鹏离婚，消息传出，迅速成为各大媒体关注的焦点，新京报也做了头版封面报道。

不过，这不是我讲这个故事的重点，我的重点是他俩的结婚。对新京报来说，王菲和李亚鹏离婚的消息并不是独家报道，谈不上突破，但他们结婚的消息，却是由新京报全球独家首发的。

王菲和李亚鹏的恋爱，从2004年到2005年，一直是娱乐媒体关注的焦点，所有人都知道他们肯定要结婚，但没人知道是什么时候结，在哪里结。

2005年7月29日上午，新京报文化娱乐部记者接到主编电话，说有知情人爆料，王菲和李亚鹏中午会在北京什刹海附近的小王府吃饭，具体为什么吃饭，不知道原因。

普通人在一起吃饭不是新闻，名人在一起吃饭就是新闻，一对恋爱中的名人在一起吃饭更是新闻，何况两位都算是超级名人。

随即，记者杨林和徐万涛就赶赴小王府一探究竟。

到了小王府,他俩发现门口停的是新疆牌照的汽车,联想到李亚鹏是新疆出生,便推测王菲和李亚鹏可能会在里面。当时,小王府大门紧锁,杨林试探敲门,门开后保安问来干嘛,杨林说:"来赴宴。"

说这话时,杨林中气十足,俨然是真正的赴宴宾客。于是,保安未再多问,便让杨林直接进去了。接近餐厅门口时,杨林发现了李亚鹏的经纪人李亚伟,直觉王菲和李亚鹏肯定就在里面吃饭,于是,在和李亚伟寒暄时,迅速溜了一眼包间的门缝,瞬间便触电了!

包间里,王菲穿着白色婚纱!

随即,杨林提出想拍照采访,李亚伟见势不好,马上将他送出小王府。但,新闻已经采到了:王菲和李亚鹏当天正在摆婚宴。唯一可惜的是,俩人出来后打着伞,让徐万涛很难拍到两人的正脸。

第二天,新京报刊发全球独家新闻:王菲和李亚鹏结婚。

对记者来说,呈现在这类新闻上的突破,就是没有请束,也能进得了门、拿得到料。这种突破看似简单,其实技巧非常微妙,它要求记者既要沉得住气,又能稳得住神,藏万丈波澜于方寸心中。

轻松一刻的娱乐报道讲究进门,所有的新闻报道都讲究进门,特别重大的新闻报道更讲究进门。拿着记者证,在被采访人的掌声中进门,对记者来说算不得本事;越是拿着记者证,越是不让你进门,不但不让你进门,而且对你层层设防,你却能进得了门,拿得到料,才是记者的本身。做不到这一点,你连合格记者都不算。

"笨小孩"感动高晓松

对,你依然没看错,就是"笨小孩",不是聪明小孩。而且,这个"笨小孩"就是新京报记者,她感动高晓松的,不是鲜花,而是用最笨的方法发出一条条笨笨的约请采访的短信。

2012年11月8日,因醉驾入狱的高晓松结束牢狱生涯,于是,媒体纷纷出动,四处追击,试图采访高晓松的铁窗生活。然而,无一例外,高晓松全部回拒。

当天，新京报文娱新闻部记者刘玮也给高晓松发去采访短信，虽然明知难以约上，但还是想表达一下新京报的关注和关心。果然，高晓松出狱当日，高晓松并没有回复她，尽管刘玮隔几天就发个短信给他，但依然没有得到任何回复。

11月底，高晓松生日那天，刘玮又给高晓松发了个短信，结果得到了高晓松的回复。这实际上是一个巧合，因为刘玮并没特别注意到这天是高晓松的生日。用刘玮自己的话说，"如果没记错的话，那是他第一次回复我。大意是说，他近期还不太想接受采访，希望我能给他一段时间让他自己先静一静"。

这条回复也让刘玮觉得有了希望，因此继续保持着几天一个短信的频率。但事情到此也就僵持住了，再无进展。此后，虽然看到了高晓松接受柴静《看见》节目采访的消息，刘玮随即又给高晓松发了短信，但高晓松依然不见回复。一切，似乎又回到了最初的出发点。

刘玮不甘心，又想办法求高晓松的朋友冯唐、老狼帮忙，但均告失败。在约高晓松采访期间，偶尔刘玮会收到回复，但口径都差不多，就是再等等，再等等，再等等……刘玮觉得，就算是他在敷衍自己，有回复就说明有希望，而自认为"笨小孩"的刘玮能用到的办法，也就是不断地发短信，发短信，发短信。

12月中旬，高晓松突然松口，在几番沟通之后，最终同意接受采访。12月底的一天下午，刘玮来到高晓松办公室，从午后聊到天黑，在昏暗的冬日傍晚，刘玮只见高晓松一根根点燃香烟的亮光。

事后，刘玮问高晓松，为什么最终同意接受自己的采访？高晓松说，他出来第一天，全国有名字的媒体都在给他发短信约采访，一周后剩了一半，一个月后又少了一半，最后只有刘玮在"想着他"，他甚至觉得"有点感动"。

也许是上天也被"笨小孩"刘玮的执著感动了，柴静采访高晓松的节目居然没有播出，这就使刊发刘玮和高晓松对话的新京报，成为独家报道高晓松"牢狱心路"的媒体。

其实，包括我在内的很多新京报记者，也是像刘玮一样的"笨小孩"。2005年，为了采访一位拒绝采访的农民工子弟学校校长，我整整一天都在不停地向他编发"动之以理、晓之以情"的短信，最终彻底感动了他，接受了我差不多整整一夜的采访。

而新京报记者马力，为了能采访到环保部官员，在工作人员明确表示"我们部委从来不接待都市类媒体"之后，在环保部楼下长时间"部门立雪"，硬是生生感动了这位官员，最后不但接受了他的采访，而且介绍马力认识了环保部其他更多的官员，关系处得非常好，迅速打开了马力"环保线口"的工作。

表面上看，我们都是"笨小孩"，用的都是"笨"方法，但恰恰是这种"笨"，最终使采访取得了突破。而实际上，这并不是"笨"，而恰恰是对职业的热爱，对事业的执著，对价值的坚守。作为记者，如果缺乏"笨"的精神与行动，总是想走捷径，往往欲速则不达。

刘玮成功采访高晓松的故事，也曾感动了新京报总编辑王跃春，在新京报的BQQ主编群里，她曾要求主编学习刘玮的"笨"劲儿，想尽一切办法，穷尽一切手段，不放弃一切可能地努力突破自己。

3个故事讲完了，对于突破，你有什么感想？不管你怎么想，我的感想是：突破，真正的障碍不是别人，而是自己。为什么这样说？我不告诉你，你自己好好看这本书吧，书里更多的突破故事，会告诉你更多关于怎么突破，突破什么，从哪里突破，突破的功夫如何修炼的答案。不过，需要提醒你的是，答案都不是现成的，而是每一个都需要你自己去思考、去感悟、去寻找，去探索。

还等什么？去看一看，想一想，试一试，定一个看似不可能实现的目标，去努力突破自己吧，无论你是不是记者，你都需要！

曹保印（新京报传媒研究院总监）

2013年10月

第一辑：江湖篇 …………………………………………………… 1

第二辑：现场篇 …………………………………………… 65

> 最好的新闻在哪里？当然是在路上。路上的新闻在哪里？当然是在现场。所有的好新闻，都只会在现场。只有在现场，你才能做出最好的新闻。看完这一辑，你所要做的就是：出发吧，去现场！

第一辑：江湖篇

新闻教科书里，一定给你讲了不少采访突破的道理，甚至给你总结了所谓突破的规律。不过，如果你看了这一辑里的突破故事，你会发现，教科书里的那些道理和规律，基本上是可以被抛弃的。对，不要犹豫，抛弃它们吧，将目光转向这些故事。故事从来都比理论更生动，实操从来都比教条更实用，而生活本身的千变万化，只能靠悟性去捕捉。

魔幻"大师"王林

记者：张 寒

在我的新闻生涯里，可能再也碰不到一个采访对象，如此赤裸裸地去谈论官员的利益、送礼、高利贷等潜规则。

他常常说的一句话是，"我犯法了吗？"

我帮别人办事，他愿意给我 1700 万，我犯法了吗？

送我一辆车子……他就是送我一辆飞机，我犯法了吗？

玩空盆变蛇，我收钱了吗？我没收钱能叫诈骗吗？

他会详细地告诉我，如何运作高利贷才能不犯法。在他看来，只要不犯法，谁能管得着呢。

我从最初的震惊，到慢慢地适应他说话和思维的方式。有些瞬间，我会迷惑，我真的是生活在 2013 年吗？

第一回合：大师的嘱托

很多人问我，大师为什么会愿意接受采访？

其实过程顺利得不可置信。

之前，我联系了当地媒体同行。她为难地跟我说，大师已经十几年不接受媒体采访了，"他很低调"。后来，我在微信上找到一个他的熟人，希望能转达我的采访意愿。他把我的私信给大师看，大师最终还是拒绝了。

所以，当我跑到芦溪县城——他的王府前时，几乎是抱着无论如何今天是见不到大师的心情敲门的。

结果我说明来意，再加上大师之前的印象，门房通

2013 年 7 月 22 日新闻报道

报了一声，轻松进入。

穿过院子进了别墅，我突然觉得自己像是掉进了一个浩大金黄的山洞。6、7 米挑高的天花板，金色的水晶灯长长地掉下来。大师颇有威严地坐在客厅的椅子上，背后是一个金色的玻璃壁。

王林穿一身黑，紧身 T 恤，黑色腰带带铆钉和金属鹰头。之前见过王林的视频，见面觉得他似乎从 20 世纪 90 年代的视频穿越而来。有一种夸张的老式派头。

来回交锋几句。立刻感觉到王林早有准备。

第一次见面，他强调的有两点。一，我王大师扶危济困，慈善不知道做了多少。第二，我一辈子交朋结友，大方大气。他对我说，你主要写这两点就好了。

对于他的空盆变蛇，他的回答让我吃惊。这个曾经在资料上被吹得神乎其神、安身立命的东西，他居然自己定义为民间传统杂耍。

我当时想，不知道哪位媒体高人给他出了这个主意。这算是自断其臂：我都说是杂耍了，你还能说我骗人？

我追了一句，杂耍意味着这不是真的？他扫了一眼过来，"不要深究了。信就信，不信就拉倒"。随后他以一个果决的手势表示不要再探讨此事。王林很善于用他的不耐烦来截住别人的话头。

但王林是易怒的。当我提到了司马南和质疑的时候，之前理性的王林消失了。从他踩得地板山响，大吼几声打了一套拳开始，他开始偏离了之前的轨道。

70 张绿卡和种种神迹就是这时候说出来的。随后炫耀像洪水开闸一样不可收拾。

他常用的开头是，"我王大师行走江湖几十年"。

他带着我去看他两层楼的合影。看到重要人物，指导我如何全角度地拍摄。常常伴随一句话，"这假的了吗？"

第一次见他，以他最终语重心长的话结局，"把这些照片登出来给他们看看"。不屑地补了一句，他司马南见过谁？

第二回合：大师的"杂耍"

第一次见面之后，我知道和大师干聊，很难聊出东西来。对大师了解太少，气场全部偏向他那一半。而大师往往是车轱辘话一遍遍重复。

只有拥有更多的信息点才可以和他对话。

我发现了一些反对者的信息。这才知道怎么能和大师进行信息量丰富的聊天。

第二次见大师，心里有了一些底。

少了第一次的陌生感，又有其他记者过来，王林更活跃了一点。

在大师家中的感觉，这是一个物质极大丰富的世界。所有的地方都塞满了东西。高贵的太师椅下面居然塞满了西瓜。而桌子上摆满了十几种吃的。吃饭的饭桌上有满满一大筐鸡蛋。

这种堆放让我觉得有点奇怪。后来偶尔在网络上搜到曾经有两个人冒充王林徒弟来诈骗，被一个魔术师识破。其中一个疑点就说到两个人变东西时桌子上堆满了东西，其实是障眼法。

不知道大师是不是这样。但聊了一会，大师突然站起来，要给我们变葡萄。手里两颗葡萄，冲着一个金色的盘子一扔，没了。是瞬间的事情。然后王林拉开裤脚，两颗葡萄稳稳地塞在袜子里。

大师兴起，让我隔他几步远，说可以隔空敲背。他严肃地看着我，"你等会儿会感到两下重重的锤击"。

我把头发撩起来等着。大师一会儿说头发没撩好，一会儿又比划方位。

在大师离开我之前，我能感到他用手指敲了我两下。随后大师开始运功，问我你感觉到敲击了吗？感觉到了吗？

我心想，那是你之前敲的好不好。

我说，感觉到了。大师很满意。他凑近了冲着我的胳膊发功，"感觉到热了吗？"

毫无感觉。

我说对。旁边的人张大嘴巴不可思议地看着我。

我突然有想爆笑的感觉。

这个世界太魔幻了。为了进一步采访，我也成了托儿了。

实际上在大师家里，每天进进出出各色人等。一般到他家中都会恭恭敬敬。我记得大师之前说，"太烦，我说下次让民政局局长到我家来"。

果然民政局局长第二次就坐在那里。

大师心情很好。于是，采访进行到了纠纷核实阶段。包括我之前了解的高利贷的信息等等。大师都痛快地承认。

在他看来，这些都不犯法。听他说起几千万，就像我们说起几千块钱。他还主动出示了自己的证据。看看资金往来，都是百万千万计。

第三回合：官员的交情

又是两天核实更多的信息，第三次去见王林。

这一次主要谈官员。之前他会很笼统地提到官员和他的交情。或者展示和外国政要的合影。很少具体说到某个官员。

那天大师兴致很高。他提起自己会讲英语。然后用英语来讲他如何点菜。虽然都是单个一个词一个词，但还可以听出来是英语。

他高兴地说起，虽然会讲英语，但不认识字。为了掩饰这一点，他拿报纸的时候小心翼翼，看着浓黑大字的应该朝上，就拿起来装模作样地看。旁边的人一走，他再放下来。

后来又讲了他到日本不用钱如何买东西，所有的人都认识他。"米西米西"，他竖起大拇指。

讲官员，他讲到了原江西省政协副主席宋晨光。"好朋友"，他说，"即使他被判死刑也是好朋友"。

讲刘志军。没有见过这么拼命工作的人。"一天睡不了几小时"。他愤愤不平，说他玩女人，他哪里有时间？

讲到自己的人脉以及如何去运转对项目的把控力。

和第一次一样，他其实愿意展示自己的能量。那句"我什么项目办不下来"，一挑眉毛，双手把外套往后一扔，眼神都不错地看着你的反应。

出门留吃饭，拒绝。他着急了，说你们知道吗？多少人来我这吃顿饭回去说几十年，你们还不吃！

稿子发表后，我接到了他的电话。我能想象到他的愤怒。接电话前深吸了一口气。

在几句"乱写"、"收钱报道"之类的话之后，我辩解说，我没乱写，也没有收任何人的钱。话音未落，大师说了句，我告诉你，你不得好死。接下来一句，"你全家不得好死"。这句话有点不能忍了，我就把电话挂了。

挂电话后，我想到王林曾经跟我讲过一个故事。他有一次去宁波见到一群官员。他指着其中的一个官员说，30天之内你全家必有牢狱之灾。

当时这个官员不屑一顾。不久官员的家人被抓。王林说，这个官员抱着电话痛哭，向他求助，大师没有理他。不到30天，官员也进了监狱。

我仔细想了想，第一大师没有给我指定期限。第二，像我这种无名小卒，日子太过平淡，大师的心理暗示很难找到一个着力点。

于是我只好安心地不屑一顾了。

国乒队史上第一次整风运动

记者：孙海光

最"没谱"的两次采访

2006年年初，我从高任飞手中接过了乒乓球项目。那一年的3月5日，国乒出了一件大事情。是年亚洲杯赛在日本神户举行，陈玘在决赛中不出意外地输给王皓。比赛本身并无亮点，但之后一连串事情却让一向"墨守陈规"的国乒尴尬不已。输球后的陈玘当众扔了球拍，并踢倒场边的广告牌。主教练刘国梁将陈玘事件定性为："损害了国家形象！"

亚洲杯后，国乒队在教练肖战的带领下赶赴厦门与大部队会合。3月8日下午，我赶到厦门，那是男乒的集训基地。次日下午，男乒公布了对陈玘的处罚，我从厦门体育局外墙的应急楼梯爬上13楼，隔窗听完了国乒的内部会。《新京报》也是除央视外，全国唯一一家全程报道陈玘受罚出台前后的媒体。

两个月后，陈玘戴罪立功，力助男乒在不莱梅世乒赛登顶，但他赴河北正定县蟠桃村劳动一周的处罚未变。5月15日，我被连夜派往了蟠桃村。这两篇稿子在3月13日、5月22日先后见报于《赛道周刊》。陈玘受罚是中国体育当年的大事情，全程跟踪报道下来的平面媒体，只有《新京报》一家。两篇稿件，我写了约2万字。

跑了7年乒乓球，回头再看，那是我最没谱的两次采访。我有

2006年5月22日新闻报道

恐高症，但为了听国乒的内部会，硬着头皮从室外应急楼梯爬上 13 层。我有些胆小，却在午夜时分从石家庄打黑车奔往正定。那时跟国乒队不熟，为采访领队黄飚，我在酒店外一等就是几天。记者本身便要始终麻烦人，很多事情，挺一挺过去便海阔天空了。那两次采访过后，再去完整那些"难产的大作业（深度报道）"便要轻松了许多。

"偷听"来的独家报道

2004 年 6 月，体育新闻部《赛道周刊》应运而生，这是全国都市报的第一份体育周刊。300 个版的周刊中，"大作业"就是赛道的脸。曾任体育新闻部主编的王谨写了一篇纪念文章，名字叫做《青春的花开花谢疲惫却不后悔》，里面提及"大作业是它（周刊）的硬骨。"

那时，每周选题会，记者和编辑每人至少要报 3 个大作业选题，阿乙还专门整理了一个稿目库备用。2006 年 3 月 5 日，陈玘在日本神户亚洲杯赛中摔了球拍，踢倒了广告牌。这个新闻率先是国际乒联曝出来的，国内媒体迅速转载。

当天是周日，已然来不及操作大作业。3 月 6 日的选题会上，"陈玘受罚"在赛道选题上被通过。于是，我被派往了男乒集训地——厦门。出发前，我定好了 3 月 12 日的返程机票。3 月 13 日，是赛道的见报日。前几天翻文档，还找出我当时写在 MSN 空间的一篇记者手记，名字就是"大作业难产中……"那时记者最头疼大作业了，我们将之形容为"难产"，你所需要的信息量远远超过两到三个版面的承载量。新闻并不只有一天的生命，时间一长，也就慢慢习惯了。

3 月 8 日下午，我赶到厦门，在离体育局不远的地方找了一家庭式公寓住下。国乒队惯例，球队处于封训状态时，通常只会在最后一周安排一次媒体探班，其余时间不接受采访。此次因为陈玘事件，队员和教练更是收到封口令。除央视和《新京报》外，并无其他媒体跟来。从 3 月 8 日至 11 日下午，每天都跟教练、领队打招呼，但每天都采访不到。在球馆混了几天，跟保安倒是混得很熟，偶尔他也会装作没发现，让我溜进馆内看会儿训练，仅此而已。进不去的时候，我就一个人绕着筼筜湖转圈，看看房价，吃个热带水果。

9 日下午 3 点，国家队没有训练，转而到厦门市体育局 13 楼的多功能厅临时开会。进入体育局并不难，但当我尾随国乒偷偷来到 13 楼时，顿时傻眼了。通往会议室有两道门，第一道门锁住了，第二道门也只留了一点小缝。这次会议后来被定义为国乒的"整风会"，只有央视记者得以进去，在听完对陈玘的处罚后同样被请了出来。接下来是国乒真正的内部整风，没有媒体在场。

我把13层转了个遍，找不到突破口。晃悠到楼道尽头，发现这栋楼外有应急楼梯。我随后跑下楼，从1楼的外墙开始爬。那种感觉很不好，铁质的楼梯呈旋转状，不能往外看，也不能往下看。硬着头皮爬上13楼，便是体育局大楼的楼顶平台，天助我，多功能厅外有1米多宽的阳台。我蹑手蹑脚穿过长长的阳台，在靠近主席台的窗外蹲坐了下来。那时，我离刘国梁的直线距离不过两三米。

那是我见过的第一场"批斗会"，从主教练刘国梁到教练肖战，从孔令辉到王皓，每个人都从自身角度谈及陈玘事件。正是这次整风会，曝出陈玘与马琳奥运会后关系不和以及其不良情绪滋生的全过程，十运会以及亚乒赛的失态只是平日积累的矛盾爆发而已。我蹲坐在窗外记下了整个会议的全过程。

那天下午，国乒队公布了对陈玘的处罚：（1）留队观察半年；（2）没收全年收入10%；3）重新参加军训；4）下放到贫苦地区一周（参加劳动，接受再教育）。同时，国乒队委会、教练组也集体受罚，刘国梁自罚2万元，领队黄飚和主管教练肖战各罚1万元，教练组其他成员每人罚款2000元。肖战还被禁止带队外出比赛半年。

事件发生后，陈玘便被保护了起来。在处罚结果公布前，没有接受任何采访。厦门集训期间，陈玘总是最后一个走出训练馆。3月10日中午，央视和厦门电视台的两台摄像机在馆外堵住了陈玘，平媒记者只有我一个。这是陈玘出事后第一次面对媒体，"处罚结果已经出来了，我尽可能不去想它，不能因为这个耽误了自己的情绪和他人的训练。现在看来，自己在心态和技术上都还没有成熟起来，其实那'四个第二'（陈玘那一年4站比赛拿了4个亚军）也有必然的因素在里面。我以后要学会控制自己的情绪，现在的自我调节能力太差了。"

处罚次日，全国绝大部分媒体用的都是来自央视的报道。《新京报》在4天后拿出近3个版的力度来深挖"陈玘事件"乃至整个国乒队员素质现状的报道。这篇报道的大部分内容，我是在离开厦门前一天下午才彻底搞定的。

用诚意打动采访对象

要采访国乒队，正常程序是先过领队黄飚这一关，他不开口没人会接受采访。从8日晚到11日中午，我天天跟着国乒队，也一直以各种方式"骚扰"黄飚。他很礼貌，但就是不接受采访。在陈玘事情一周前，国乒队另一名主力邱贻可因醉酒、夜不归宿等被降至二队。一周内连出两档重大违纪事件，黄飚的压力可想而知。

11日中午，我直接去酒店房间堵黄飚，他和几个朋友正在喝茶。或许碍于朋友面子，黄飚不好直接拒绝，随口就说了句："我这正和朋友谈事情呢，你先在门外等着吧。"

这一等，就是两个多小时。我哪儿都没去，一直在楼道里来回晃悠。

"你怎么还没走？"黄飚送朋友出门，见到我时很是诧异。

"你让我在门外等你。"我喜欢他的问话，这正是我想要的。此后的很多次采访，"用诚意打动采访对象"这招屡试不爽。

黄飚详细给我讲述了陈玘处罚过程。"外面报道说我们连续两个晚上开会，岂止是晚上呀，白天都得碰好几次。"黄飚称处罚一名奥运冠军，国乒队很慎重，最终定下的基调是"治病救人"。陈玘生日那一天也是不莱梅世乒赛报名截止日，陈玘入选，并在一个月后力助国乒夺冠。

一定程度上，采访到黄飚比陈玘要有用得多，他向我透露，邱贻可和陈玘事件加快了国乒的队伍管理改革。"很多事情都是从不起眼的小事发展起来的，所以要从微观入手。"黄飚称针对这两个事件，特意组建一个命题小组，负责就队员思想作风和日常表现等方面草拟一系列选择问答题，以达到教育队员的目的。

"他们就在隔壁命题呢"，黄飚的随口一说又让我多了个极佳的采访对象，这是一份额外的犒赏。很顺利，我在队员之前拿到了这份试题。在这份"考题"中，大部分问题是针对队员场上作风和思想而拟订的。命题组有两个考虑点：一是在制定出一个问题后，要留意大部分队员当时的反应是怎样的，要有共性；二是能促使队员有一种思考和反思自己行为的冲动。

所有事情都搞定，已是3月11日下午。心情大好，跑去超市买了一堆热带水果。记得很清楚，第一次吃山竹，就是那一天。

3月12日早上8点，我离开厦门。当天下午，近一万字稿子和照片发给了阿乙。

阿乙起的名为《一支没了脾气的球拍》，这是3月13日见报时的标题，他在文前加了一句话："蝴蝶扇动的翅膀，引发了一场风暴。"

同样引起风暴的，还有这篇全国独家稿，它披露了国乒队史上第一次整风的前前后后。

夜奔正定追访陈玘

在对陈玘的处罚中，有一条要去农村劳动一周。5月11日，刚从不莱梅回来后的陈玘悄无声息地被发到河北正定县蟠桃村的农村劳动。两天后，媒体爆出了这个消息。5月15日下午5点左右，接到王谨电话，"去趟正定吧，带个大作业回来。"

接到电话时，我正在蒲黄榆一健身房，原本计划晚上去看电影的。犹豫了一下，我应下了，不情愿地推掉了当晚的约会。

河北正定，似乎并不远。女乒经常在那边集训，但我从未去过。我打电话给赵公口和六里桥长途站咨询，没有去正定的大巴。打电话给领队黄飙，黄说陈玘16日就要回北京，但好象是下午回。还好，至少我还有一张上午的票，这是去正定最快的方式。拿到票时已接近傍晚6点。

赶回方庄住处收拾东西，打车奔北京西站，所幸那天南二环的交通并没有为难我。在火车上，我找了几乎能找的所有圈内人，从乒羽中心到跑口记者一直到正定基地的负责人，打了十几个电话，发了40多条短信。终于在《乒乓世界》杂志宋斐处找到了陈玘的电话，末了他劝我一句说，"哥们，你最好弄清楚他是否还在正定吧。"我说我已经在火车上了。晚上10点左右，我给陈玘发了一条短信。陈玘的回复速度很快，"来不及了，我不在蟠桃村了，有事的话过两天电话采访吧。"我相信陈玘，但之后再打电话时已不接了。以后再有采访对象说类似的话，我总是先打一对折，通常是不靠谱的。

晚上11点左右，我走出石家庄火车站，右拐奔进夜班售票厅。在门口，我第一次被警察查身份证。为了抢时间，我几乎是跑着进门的，然后是肩头一沉，身子一把被顿住了。"身份证！"我把记者证给他亮了一下，他手一摆，放行了。

没有车，在全国铁路大提速后，正定这个县级车站几乎被遗忘了。我考虑是否在石家庄过夜，天亮再过去。但为了能赌一把在正定基地截住陈玘，我还是决定连夜杀过去。"我不知道出租车会跟你要多少钱，都已经这么晚了。"火车站值班大妈说。这是我外出惯用的着数，知道个大概，然后就可以压价了。

"60！来回收费站的钱你出！"拦下一辆看上去还算正规的出租车。出门之前，我百度了一下，从石家庄火车站到正定乒乓球训练基地约35公里，这个价钱尚在我的承受范围内。去吧，午夜石家庄的路上车已经很少，刚驶出市区，司机一脚油门时速飙到了130。"这个时候没人管。"师傅笑着说。这时我已经有点不安的念头，进报社以来，还是第一次有

10

这种感觉。我尽可能地跟师傅胡扯，然后不停地偷瞄路标，还好最后我看到了"正定"的路牌。"帮我看看有什么合适的酒店，我上次来住在基地里，环境太差了。"我尽可能装成自己对正定不陌生的样子。

正定火车站旁边有一家酒店，霓虹灯看着让我温暖。"标间60元。"前台的服务员看上去有些困。我环顾了一下，酒店和旁边的洗浴中心是一家。"能上网吗？"我问道。"不能！县里面好像只有金星(音)那可以。"我谢过后快步走了出来，背包里的电脑、相机什么的都过万了，我睡觉很沉，把我抬出去我都不会晓得的，我不想冒这个险。

金星酒店在正定的郊区了，好在离基地不远，打车去又花了10块钱。到金星的时候已经过12点了，这是个4星酒店，服务员说可以给我打7折，256元。按《新京报》当时的标准，住宿费是180元，多出的只能自己掏了，总不能为了几十块钱打报告，挨个找总编辑、社长签字去。2005年12月在江门采访国家网球队，潮涟岛上只有一家酒店，我住了5天，每天从自己腰包外拿60元。这次感觉更不爽，我早上6点半起床，7点半吃完早饭就退房了，一小时折合近40元。安顿下来，上网看有没漏掉当日大新闻后，才发觉晚饭还没吃。在酒店门卫的指引下，去赵云庙旁边的快餐大篷车吃了点饭。回到宾馆，已过凌晨1点了。

我没能采访到陈玘，他没骗我，已经提前离开了。次日一早，我打车去了蟠桃村，一个名字很美的小村落。蟠桃村隶属于正定县诸福屯镇，位于正定县城东，距县城10公里。在正定境内，蟠桃村相当有名。一年前的6月，时任国务院总理的温家宝曾视察过那里。陈玘住在蟠桃村副书记王志全家，一个被县领导认为安全、卫生的北方农村小院。为了安顿这名奥运冠军，正定县政府和正定国乒训练基地于5月10日草拟了一份《关于接待国家乒乓球队员陈玘深入农村学习锻炼的初步安排方案》。在王志全家，我看到了这份文件。那天上午，王志全陪我去了陈玘劳动过的每个地方，路上有村民把我认成了陈玘。

有些不死心的我，在蟠桃村待了两天，采访了大部分接触过陈玘的村民。第二天，赶上蟠桃村一年一度的庙会，庙会中有一个草台班子，唱河北梆子的。听了一会儿，我晃悠到后台，剧团老大同意我拍照。很快，我就跟一个叫郭佳的小姑娘混熟了，她爸妈都是剧团的。我拍了很多照片，留下地址，我答应给她寄去。

陈玘晃点了我两次，没有接受电话采访。好在那一个周末，陈玘恰好在北京打乒超联赛，我在广安体育馆拦住了他。5月22日《赛道周刊》终于刊出了王谨做的封面的文章，标题是《乒乓青年要到农村去》。

大年初一，那束送入病房的康乃馨

记者：张太凌

2005 年 2 月 10 日新闻报道

自入《新京报》，"突破"便没有停止，其中绝大多数都要讲究策略、纠缠、斗智斗勇，充斥和伴随着敌视、对抗、言语或肢体上的冲突。回溯此前无数次采访中的突破，记忆最深的是那个发生在除夕的惨剧，那一次不失坦率的温情突破。

2005 年 2 月 8 日，除夕夜，北京市朝阳区晨光家园小区，住在一居民楼 18 层的杜姓男子，将妻子和女儿反锁在屋内，在用菜刀砍伤妻子头部，逼 15 岁的女儿坐上窗台令其跳楼未果后，用脚将女儿踹下楼。后爬到 17 层阳台放空调的凉台处，与警方对峙十余小时后，于 2 月 9 日正月初一下午 1 时 40 分许坠楼。

事件结局令人唏嘘，男子及其女儿均身亡，其妻重伤。

寻找唯一知情者

大年初一，上午 10 点多接到采访任务时，多位同事已经赶到事发现场，盯守施暴男子与警方对峙现场。与家人打了招呼后，我匆忙出发。气象预报显示，那天北京白天的最高气温零下 1.8℃，风力达到了 5 级。

我所要做的，就是要找到那位受伤的妻子。

除夕之夜，零点 30 分，这位妻子在头部和背部多处被砍伤的情况下，夺路逃离家门，保住一命，作为这场惨剧唯一的亲历者和知情者，她在脱险后，却去向不明。

在前往现场的途中，与前方同事沟通得知，坠楼女儿的遗体已被发现于事发高层东南角，被赶到的 999 急救人员确认死亡。999 急救车留守现场，处于待命状态。

根据脱险妻子重伤、无法自行就医等情况判断，多次出现的 999 急救中心，极可能知道那位妻子的下落。在联系急救中心迟迟没有反馈的情况下，只剩下向事发现场的周边医院逐一问询的办法。

询问电话打到朝阳医院时有了眉目，对方表示接到过有类似情况伤者要送来的消息，但临时被送往别处，且不清楚转往哪家医院。就以往经验，情况危重的伤者如果转院，不会选择相距太远的医院，距离朝阳医院较近的几个医院仍是查询重点。

所有线索此时都已中断，但我还是向朝阳医院所在的东大桥奔去。最终结果证实了当初的判断，位于三里屯的武警北京总队医院急诊表示有收治这名伤者，该医院距朝阳医院只有 1.5 公里左右的路程。999 急救中心随后也传来确切消息，确认了。

康乃馨成"通行证"

通过询问武警北京总队医院急诊，确认受伤妻子姓张，头部、颈部等处被丈夫用菜刀砍中 8 刀，所幸经过抢救已脱离生命危险，已转入医院的五官科住院治疗，但是拒绝探视。

采访中，好消息和坏消息往往会一并出现。当时所面对的好消息，是张女士情况稳定，能够开口说话，更重要的是还没有民警来医院，对当事人进行长时间的"封闭式"询问，如何赶在警方做笔录之前采访到张女士，成为当时的首要目标。

但不容乐观的是，武警北京总队医院是一家部队医院，在探访方面的规定要比地方医院严格很多，对于尚处于观察期的张女士，医院拒绝一般访客探视。

而且即便见到了张女士，她是否知晓女儿遇难，情绪是否平稳可以正常交流，如何消除她的疑虑去回忆令人痛苦的过程，都还是未知数。

确认张女士的病房已经"封锁"后，我决定放弃硬闯突破的办法，进入病房的机会只有一次，如果失败将再无可能。由于在病房四周频繁出现，容易引起医院的怀疑，我决定暂时离开住院区，回医院门口理清思路，顺便寻找其他突破机会。

数九寒天，又是正月初一，但医院门口的花店和水果店照常开张，还摆放了不少从南方运来的鲜花，供探视病人的访客选购。正是这些花让我眼前一亮，如果以单纯送花的名义进入病房，不至于引起院方身份上的怀疑，过问的可能性大大降低，而且也有助于得到张女士的信任与好感。

虽然鲜花价格不菲，但我几乎毫不犹豫的拿出身上所有的现金，选购了一束粉红色的康乃馨，除了作为一张采访的"通行证"，也寄希望于通过这种献给母亲的花，来安慰遭遇不幸的伤者。

在进入病房前路过护士台时，果然遇到护士阻拦。"送花进去，马上就出来"，我举起手中的花束，边说边疾步向病房冲去，对方见状也没有坚持，连身份都没有盘问就放行了。

艰难交流半小时

推门进入病房，张女士全身裹着纱布，"埋"进被子里。由于背部疼痛，她只能趴在病床上，双眼紧闭，呻吟不断，一位护工正在身旁照料，轻声安慰。能够面对当事人，突破已经成功了一半，接下来是如何取得对方的信任，让她讲述整个事情经过。

自我介绍之前，我先将花束摆在了她的床头柜上，"真好看……"张女士艰难地吐出了这几个字，病房内凝重的气氛有所缓和。此时亮明身份已无所顾忌，只是因为无法确定对方是否已知晓女儿的死讯，为了避免刺激到她，我回避了这个问题，强调自己还没有去过现场，只想知道当时究竟发生了什么事。

因为要忍受很大的痛苦，张女士的讲述非常缓慢，但这样我也能够详细记录她所说的每一句话，并留意更多的细节。通过她的讲述，一个家庭的悲剧逐渐变得清晰。

3年前因为拆迁，张女士随丈夫从朝阳门外搬至晨光家园居住。38岁的丈夫一直没有工作，还有赌博恶习，15岁的女儿在附近的中学上初二，全家都靠自己来养活。她与丈夫曾经离过一次婚，后来又复婚了。

事发几天前，张女士的妹妹丢失了一枚钻戒，女儿说出了是父亲撬开柜子拿走的。经过对质，丈夫承认拿了钻戒抵钱用于赌博。而张女士妹妹扇了姐夫一个耳光，成为整个事件的导火索。

除夕之夜，张女士的丈夫将家门反锁，将妻子推进厨房，从抽屉里拿出了菜刀。女儿当时接到同学相约出去玩的电话，只能哭着说不能出去，电话那头同学问她为什么哭，女儿说是正在看一部特感人的电视剧。

悲剧接着是惨剧，丈夫向张女士连砍数刀，抓起女儿放在窗台上，一脚踹下……就在5个小时前，这个懂事的孩子还为父母买来两个盒饭和两斤速冻饺子当做年夜饭，还特意买了爸爸喜欢吃的小肚。

在艰难交流的过程中，张女士会抬起缠着纱布的手，模仿着丈夫砍人的动作。每到激动时，病床旁心电图上所显示张女士的血压和脉搏均有所增高，趴在床上的她也会将自己的脸深深埋进被褥里，采访因此多次中断。

也许太过专注于回忆事发当时的情形，担心的事情并没有发生，张女士没有再问及女儿的情况。护士直到查房时，才发现我仍"滞留"在病房，但此时采访已进尾声，看到张女士主动与记者交流，也没有再打断。

整个事件采访过程中，亲情沦丧，一如当天事发现场的寒风彻骨，只有送入病房打破坚冰的那束康乃馨，带来些许暖意。那束花，关乎对采访的突破，也关乎对人性的坚守。

采访阜阳"白宫"的 22 天

记者：黄玉浩

纯白的大理石，巍峨的罗马柱，华丽的吊灯下，"莫做太平官"几个金色大字熠熠生辉。尽管有心理准备，但第一次目睹"白宫"真面，还是不禁震撼其宏大、奢华。38 级台阶据说象征着"白宫主人"在其38 岁主政。

2008 年 4 月 22 日，《中国青年报》发表《"白宫"举报者狱中蹊跷死亡》一文，拨开了这座豪华办公楼背后的一丝阴霾。

"去阜阳一定要小心，调查'白宫'更要小心。"电话里，中国青年报的同仁善意地提醒。

当地宣传部门的官员称，"白宫"主人——阜阳颍泉区委书记张治安是个"实干"的官员，从无到有建起的"阜阳科技生态园"、"皖西北商贸城"、"阜阳工业园"、"循环经济园"规模少则近千亩，多则数千亩，均是大手笔。

阜阳"白宫"举报人看守所自缢前后

2008 年 6 月 23 日新闻报道

这些作为当地宣传部门口中实干家的"佐证"，在举报者李国福的一封《数千农民在流泪，万亩良田被糟蹋》中则有了另一番描述：无审批手续，数千亩耕地被占，强拆强迁，打击报复上访者。

在《中国青年报》的报道出来以后，许多媒体开始聚焦"白宫"。4月27日晚，我从南京奔赴阜阳。

"对张书记没一点意见"

我很快发现，在阜阳，张治安是个禁忌的话题。几乎所有的被访官员在提及这位"白宫书记"时都很不安，当地媒体同行也"拒谈此类话题"，当地老百姓在我亮出记者证件后大都"噤若寒蝉"。

听说一个老百姓因为拆迁的事一直上访，辗转取得联系，他说他手里有举报材料，我说我过来拿，他说不行，村子里有眼线，让我将车停在村外的路边。举报者四处张望了一阵，确定没人跟踪，让我打开车窗，将一摞举报材料扔了进来，匆匆离去。

实际上只是一起普通到几乎没有任何"新闻价值"的上访，对拆迁政策不满。后来打听到这名群众因为上访，已被颍泉区公安机关拘留3次，每次都长达十多天。

我开始只能四处找那些当地上访的群众，说服他们，获得尽量多的线索。这些群众开始相信我，陆续来到我的宾馆，他们带来举报材料，短短数天，关于张的举报材料达到20来斤。有个70多岁的大爷说，你们不是说是负责任的媒体吗？那你们就揭露事实的真相。

通过朋友介绍，阜阳市政法系统的一位退休老干部同意与我接触。

我开始找近年被张一手查办的官员，但一无所获，在表明采访意图后，都声称"对张书记没一点意见"。

换三辆车甩开跟踪

为了调查"五大工程"之一的皖西北商贸城的占地情况，当天上午8点，我决定暗访商城，因为口音问题，故意找了当地的一位朋友做"保镖"，当时很多商铺还没有开张，只有一个老人在清理垃圾，便和他攀谈起来。

老人称做了一辈子农民，目前的情况是，他家四口人仅有的4亩土地被生态园"租用"了，代价是每年每亩650元钱，10斤猪肉10斤米面，时间是10年。

和老人说话也就三五分钟，一个干部模样的人走过，老人说这是我们村的书记，10分钟后，临街的一个窗户里伸出个脑袋，看了看我们，朋友赶紧说，快走，我们被盯上了。

接下来，我们在商贸城转悠，两个留长发、衣着鲜艳的青年便始终跟着，距离保持在20米，商户开始拒绝和我们谈话，朋友说，不能再采了，被跟踪了。

我决定甩掉他们，喊了辆出租车，开始在商贸城兜圈子，两个青年也上了辆出租车始终尾随，直到我们离开颍泉地界，中途换了3辆出租，在城区转了20分钟，才回到宾馆。

一瓶白酒换来采访

5月19日，我在阜阳的第21天，在掌握了张大量违规占地、强制拆迁的事实后，决定当面采访张治安。

回到宾馆后，想到必须和张治安正面接触了，但怎么能保护我的人身安全呢？我决定高调一次，我给阜阳市委书记和市长分别打去电话，没接，发短信，摆明身份后称我在本地已一个月了，正在采访，有些情况需要核实。很快市委宣传部长给我来电。

"我要采访白宫书记张治安"，我告诉部长。因为做手足口病的报道，该部长对我印象很好，说要和张治安书记商量，我说我都在这里这么长时间了，他不接受我的采访，报道也会出来。

幸运的是，张见了我，并接受了我的专访。"你是我近一年来接受采访的唯一一个记者。"他说。

不得不提的是，这位书记在我采访前夜，派来已跟他10年的秘书约我吃饭，席间，为了证明我是一个"豪爽的北方人"，我们两人一人喝了一瓶当地产的46度白酒"金种子"。或许，那一瓶白酒促成了我对"白宫书记"的专访。

5月20日上午，我和张治安在生态园进行专访，采访一结束，我就给当地朋友打电话，让其赶紧给我买当晚回北京的车票。回到我的宾馆，前台小姐告诉我，今天至少有十几个人来打听你的身份和房间，我是用朋友的身份证登记的。

我很快发现，宾馆的一楼大厅有四五个行迹可疑的中年男人，我出来买水果，他们跟着，吃饭有人跟着，干什么都有人跟着。我给市委宣传部部长打电话称，我采访张治安，市委书记、市长都知道了，如果我出什么事故的话，你知道谁应该负责任。

部长很快派来宣传部的一名干事，说是晚上送我，我没有拒绝，这样我的安全才会有保障。当晚9点，回到北京，下车一刹那，终于长吁一声，"安全了"。

"潜伏"富士康的日子

记者：尹　聪

2011年年末部门组织总结会时，何晨曦老师让我用一句话回顾那段在富士康的"潜伏"岁月。

"进去前忐忑不安，工作时战战兢兢，离开后反而有些恋恋不舍。"我想了想说。

前两个感受很容易理解——因为从事的毕竟也算是"地下工作"，我担心一不小心就"暴露"了自己。而"恋恋不舍"的原因，我总结为"重走了一次青春路"。

在富士康的20天里，我COSPLAY了两个立场完全对立的角色：流水线，穿着灰色工装的工人；门岗亭，手持探测棒的保安。

除了流水线上压抑的环境外，种种波澜曲折或扣人心弦的桥段，并没有在"潜伏"中上演。稿子出来后，也有网友称，我没有挖到特别猛的料。我只是以略显温和的语句在试图描述一个真实的富士康。

不过，在我尚算肤浅的记者生涯中，那仍算得上是段"闪亮的日子"。

经济新闻·特别报道 B07

机械 难熬 凌晨4点的流水线

2012年11月29日新闻报道

选题的由来

萌生去富士康探访的想法是在2011年的9月底。彼时，太原富士康刚刚发生暴动，2000多名愤怒的流水线工人，围殴了之前园区内飞扬跋扈的保安。

部门主编王海涛告诉我，有报社领导提出可去富士康探析一下此次事件的原因和新生代工人的生存状况与诉求。

其实，2011年4月入职面试时，王海涛主编就跟我说，他心里一直有个选题迟迟没有得到实施，就是去看看"真实的富士康是什么样子"，是否真如媒体上所呈现出的那般怪异。

趁着这次太原富士康暴动，他提议让我去富士康"跑一趟"。至于具体是哪个园区、采取"卧底"还是外围采访的形式，王主编让我自己决定。

我内心倾向于"卧底"的形式。我觉得，试图通过外围采访获得工人们真实的生活似乎不算容易，如何先与那些素不相识的90后工人打上交道便是个难题。而"卧底"的话，我自己就是一个流水线前的工人，自己的所见所闻就是一段真实的富士康生活。

根据我以前所知，《南方周末》曾派出实习生到深圳富士康卧底过20多天，而上海的一家报纸也曾于2011年8月前后，派记者到晋城和太原富士康体验过10日。

我又翻阅了上面两家媒体的报道，以判断是否有去当"卧底"的价值。我觉得，《南放周末》卧底的实习生并没有分配到流水线上工作，而上海那家报纸所做的内容则有些简单和笼统。

记不清究竟是何时突然有个想法闪现出来——之前还没有记者去富士康做过保安，我为何不将工人和保安全部体验一遍？

起身前往富士康已是10月底。在此之前，可以套用《那些年，我们追的女孩》中的几句歌词来形容我所做的准备，"将头发梳成颓废模样，换上一身破旧衣服"。

我甚至动过办张假身份证的念头，但查阅资料时获悉"入职富士康时需要刷二代身份证"只好作罢。我也曾担心过"富士康方面可能根据身份证查阅缴纳社保的记录"。我宽慰自己，富士康可是有100多万工人，应该没有精力做如此细致的调查。

从郑州转战太原

10月29日，我到了郑州。选择郑州而非太原的原因是，有报道说，暴乱后太原富士康正在加强管理。这种情况下，我猜想进入太原富士康可能并不容易，郑州富士康应该更好突破一些——但几天后，事实证明，这个猜想是不成立的。

后来，我检索资料时发现，郑州有家保安公司正在为富士康招聘保安。我以一个找工作的打工仔的身份按图索骥进入了这家保安公司。负责招聘的女工作人员对我说，保安相当紧缺，200元买身保安制服即可上岗。她看我"个头还算挺拔"，极力要将我派驻到郑州的一个楼盘去做门卫。她陈述理由道，富士康工资低、强度大，"售楼处的活儿既轻松又体面，赚得也比富士康高两三百"。

我以"女朋友在富士康上班，两个人挨着近点好"为由，表达了"自己非富士康不去"的"坚定立场"。

第二天，保安公司的一位中年负责人向我发售了一套保安制服，并让我自己去郑州富士康航空港厂区报到。他交代说，到岗后，我的主要职责就是在宿舍区巡逻。

听到"宿舍区"，我顿感"事情棘手了"。在宿舍区巡逻的话，就意味着鲜有机会跟工人们近距离接触，也没有机会去验证"厂区保安到底如何凶狠"。

事实还要更残酷一些。我坐1个多小时公交到达航空港厂区后，看到宿舍区与厂区相距甚远，工人需要乘摆渡车上班。在宿舍区做保安的价值几无。

不凑巧的是，那几天，郑州富士康也停止了工人招聘。一个招聘人员说，他也不清楚招聘何时重启，"也许就是明天，也许得过半月"。

听完他的说法，失望和焦虑涌上心头。我坐在郑州富士康宿舍区门外的一家快餐店内，开始琢磨"下一步该如何走"。

用手机搜了很长时间太原富士康的信息，突然有"太原富士康招聘内保"的字样出现在屏幕上。我一下子兴奋起来，赶紧打过去咨询对方，内保是个什么职位。对方跟我解释说，内保的职责包括在厂区里做门卫或者在车间做安检。

这不正是我所寻求的工作吗？

又打了几个招聘电话，确定太原富士康也在招聘普通工人后，我就近买上了当晚从郑州到太原的火车票。

入职和舍友

太原富士康的招聘地点位于厂区的北一门。10月30日上午，我先向北一门的门卫询问了工人和保安的应聘流程和生活的一些细节。

门卫说，按照富士康的规定，在富士康做过保安后，就失去了应聘普通工人的资格；但普通工人辞职后，可以转做保安。而且，据他透露，9月底的暴乱后，一大批不堪压力的保安已经辞职，现在保安队人员匮乏，应聘没什么难度。

按照他的建议，我制定的计划是"先去做段时间的工人，再找机会去应聘保安"。

应聘工人是在次日的早晨。一个事先联系好的招聘人员在北一门接待了我。他每替富士康招进一个工人，都会获得200元左右的奖励。所以，他对我比较热情。

填写申请表，交上身份证复印件，体检，走完这些入职流程，大约花了一天时间。其中各种劳烦折腾，不必细表。

同天入职的大概有七八百人。傍晚时分，我被分进了一个10人间的宿舍。被子和褥子是我从厂区外面的门头房里买的，总计50元。

在去富士康之前，领导特地嘱咐我，每个打工者都有一段独特的故事。他希望我能挖掘出一些。

因此，与舍友的交流，更像是一场不对等的采访——他们并不知道我的身份，而我却在暗夜里探听并与他们分享彼此的经历。

这些舍友的年龄，下至十七八岁，上至三十五六岁。但无论长幼，他们混迹社会的经验远在我之上。他们之中，既有经商失败负债累累的，也有出身寒门习惯漂泊的，还有遭遇车祸落下病根的。

"但凡还有一点办法，就不会来富士康的。"一个30岁的舍友跟我说。这两年运输生意不景气，耗光了他投向运煤车的资金。那十几万块钱，是他打工10年的积蓄。

起初，舍友们对我一个山东人跑到太原富士康打工感到纳闷。我告诉他们说，我早先在天津一家小企业打工，后来老板跑路了，我没拿到工钱，只能先到富士康来碰碰运气，"能干就干，不能干就走"。

这是我在进富士康之前就想好的理由。他们深以为然。有人还开玩笑说，你命真硬。

玩笑和打闹在富士康的宿舍内有些珍贵。互相之间的不信任感，体现在不少的细节里。比如，每个人给手机充电时都会放到一个带锁的橱子中，向别人借宿舍钥匙成功的几率极少。

也鲜有人主动问起对方的名字和电话。即便相处20天后，宿舍内最活跃的两个人，大家也多以"眼镜"和"胖子"的绰号指代。他们的真实姓名，没几个人知道。

也许在他们看来，住在上铺的不是兄弟，而是些萍水相逢之人。谁也不知道，是不是第二天醒来，就会有熬不住的舍友背起行囊，悄无声息地离去。

凌晨的流水线

每个人在富士康的命运都是不确定的，包括分配车间。

未确定具体的车间前，我比较不安。我担心自己可能会分配不到流水线前去。体验不到富士康工人最普遍、最机械的生活，那无疑是失败的。

直到一个线长领着我们二三十个人走到一台小型的机器前，我悬着的心才落地。那是条小型的流水线，主要是向手机或电纸书上喷码。机器一转，轰隆作响。

线长要我们报白班和夜班。白班和夜班一月一换。没有几个新人愿意上极度疲惫和难熬的夜班。我第一个举手申请上夜班。我当时的想法是，既然来了，那就把最残酷的生活体验一遍吧。

夜班是从晚上的 8 点到次日早 8 点。我的主要工作就是抓起沿流水线顺流而下的手机内壳，把它们放到托盘里。里面的工人把这个动作称作"收料"。

根据大致估算，我第一天晚上大致要收八九千个料，平均每 4 秒就要做一个收料动作。两天后，我的胳膊和后背酸胀得厉害。

更加难熬的是，凌晨三四点左右，脑袋里昏昏沉沉，但手上的动作却不能停。再加上 11 月的寒风吹进车间，那种复杂的滋味，无法言表。

除了能真实地感受工作的单调机械外，流水线是一个能够让人敞开心扉的地方。所有的工友都认为埋头干活的我与他们一样。在流水线的轰鸣中，我听到了他们对流水线生活的厌倦和咒骂，他们对自己现实的不满和嘲讽，他们对自己未来的迷茫和无可奈何。

工友中有个十八九岁的男孩，个头不高，家境不佳，脸上还挂着走出大山不久的青涩。他到富士康打工的目的很简单，就是希望在工厂里找到一个女朋友。但旁边的一个中年妇女提醒他说，你将来能在太原买得起房吗？他的眼神黯淡了不少。

工人与作为最基层管理者的线长之间的矛盾，使得流水线上的工作更加压抑。我特意观察了那个女线长的管理方式。她会在我开小差时吼上几句脏话，也会用调到更累的岗位上的方式惩罚一个犯了错误的小女孩。

有天，我特地问了问其他舍友的线长们待他们如何。这个问题引发了宿舍内的吐槽。有人抱怨说，他就瞅了眼车间内的一个女工，结果被线长骂骂咧咧地拍了一下脑袋。也有人回忆称，他曾因一件琐事与线长对骂了许久，差点挥拳相对。

富士康对纪律要求十分严格。比如，按照规定，上班前需要集合点一次名。我想试探下，缺席点名会受到何种惩罚。

一天晚上，我在开始集合前溜到厕所里，直到正式开工前才出来。结果，我刚坐到座位上，就被一个"90后"的小领导找去谈话。他有着与年龄不太相称的严肃和不言自威的表情。他训斥我说，如果下次再犯，就不要怪他不客气。

后来，这些细节都被我写在稿子里，用以反映这个打工帝国里，打工者和从打工者群体里"脱颖而出"的基层管理者之间的对立。

管理者如何看待工人们的逆反情绪，是我那段日子一直想知道的问题。我一直苦于没有机会去接近一个真正意义上的管理人士。

机遇来自于一次很偶然的座谈会。车间里的"头儿"突然把我们几个新人喊到办公室中，要我们谈谈工作中的疑惑，他作解答。

"这就是一个从头而降的新闻发布会啊，"我暗喜。在其他人问完待遇、加班等事后，我问了几个看起来有些另类的问题，比如，"你是否觉得90后的工人有何特点"、"是不是更难管理"等。

需要说明的是，"潜伏"期间，正值报社9周年。一日傍晚，微博上有的同事在报社分飨蛋糕，有的同事则西装革履地走在参加庆祝酒会的路上。

我自己一个人窝在富士康的食堂，吃完两个包子，裹了裹暗青色的工服。该上工去了，在寒风掠过的冬夜。

做一名保安

做完一星期的普通工人后，我就再没去过车间。按照规定，旷工3天即算自动离职。

我开始琢磨去应聘保安的事儿。某一天下午，我在宿舍楼下碰到一个晒太阳的保安。以想做保安为名，我跟他聊了很长时间关于保安的话题，包括如何应聘、内部的管理以及暴动时的情景。

"混进去应该十拿九稳了。"听他介绍完目前保安队缺人严重、交接班都成问题时，我乐观地想。

第二天，我到太原富士康的西大门应聘保安。但没想到，一个女工作人员看了一眼我身份证，就直截了当地拒绝了，"我们不要山东和河南人。"

我一下反应过来，山东和河南籍员工是前不久暴动的"主力"，保安队可能是忌惮这两地的员工不好管理。

"你给个机会行吗？"我开始述说自己性格老实、吃苦耐劳、从没打过架等优点。想起报社培训时有个老同事讲课说"女人比较容易被打动"，我又"添油加醋"渲染了一番我"刚出来打工、生活很苦"的悲催状况。

她最终同意帮我争取一下。一是因为他们确实缺工严重，二则是我保证入职后绝不打架。最终，我被录取为一名"富士康保安"。

历时两天的体检、培训后，负责人将我们带到几个保安队长面前，双方互选。当时我在大门岗和三线岗（即车间里的安检员）之间犹豫不决。

二者各有利弊：去大门岗可以时不时看到保安在面对大门外工人上演的"全武行"时的态度；做过工人后，再当安检员则更容易体会到两个角色间的对立。

最终，我选择了三线岗。保安小队长带我到了 D 区的某个车间外。一张桌子、一个检测棒和一个安检门，就构成了一个安检岗位。

小队长对我说，要多跟旁边的老同事学习下。其实，这个"老同事"只有十七八岁，仅比我早两天入职而已——保安队的缺员状况可见一斑。

当有工人上下班过安检门时，他们会很紧张地听着安检门是否会发出响声。安检门一响，他们或者蹑手蹑脚，或者解掉腰带，或者用手捂住牛仔裤上的扣子，重新再过安检。

此时，手持检测棒的保安威风凛凛。假设安检门一直响，工人就会恳求保安用探测棒扫一遍。而如果保安不答应，工人就只能一遍遍清理身上的金属物，重过安检门。

有一次上班时，一堆赶着进车间的工人，争抢着过安检。那个十七八岁的少年，突然大吼一声"给我回去排队"。顷刻间，工人们默不作声，排成了长队。威严是发乎这个乳臭未干的少年吗？我当时在想，工人们敬畏的其实是那些无形却严格的规章制度。

但保安也要受到相应的规章的约束，比如不能玩手机、睡觉、脱岗等。安检岗上面就是两个摄像头，另外还有巡视组不定时地前来抽查。我被告知，见了巡视组的人要起身敬礼，"体现出保安队伍的高素质"。

在与老保安聊天的过程中，我发现了一个有趣的现象：暴乱之后，富士康保安的强势地位已大不如昔。许多人告诫我，千万不要穿着保安制服走出厂门。也有教官提醒说，如果有人打你，那就"赶紧卧倒"。

一切都了解清楚后，2011 年 11 月 20 日的凌晨，我背着行李走出了太原富士康的大门，与这 20 天的体验不辞而别。

食品安全之殇：暗访·证据链·真相

记者：张永生

2012年4月，一名自称姓刘的男子拨通《新京报》热线，称掌握北京市第五肉联厂以猪血制作假鸭血，售往各批发市场和生鲜食品零售店的证据。

彼时，红色 LOGO 的新京报调查版已鸣枪近一年，每个周一都会有一篇以暗访为主要调查手段的报道出炉，这些暗访调查中，相当一部分题材涉及食品安全问题。

《新京报》4楼采编平台流传着一个说法：看周一的《新京报》，能确定以后还能否食用某种食品。

每个周日晚，电梯里遇着调查组的记者，其他同事打招呼的方式是：又有啥不能吃了？

一年下来，调查版刊出数十篇食品安全报道，同仁们在每周一下午3点例行的调查选题会上闲聊发现，我们报道的太多食品安全案例，聚焦在作坊式的食品生产点。

此类暗访报道似已有定式，记者游走在北京城郊区的城中村，发现作坊，暗访毕，刊出，记者举报，监管部门查抄，了事。

调查组开始意识到沮丧，这样的报道难引聚焦，也许一周后，之前查抄过的黑作坊，就已死灰复燃。

"大鱼"隐现：与线人交锋

新闻线索的质量天然决定新闻报道的影响力。这句老话在暗访报道中体现得尤为淋漓尽致。

2012年5月14日新闻报道

猪血勾兑假鸭血
稻香村店铺销售

在暗访报道中，还有一句话也在大量的报道中被总结出：很多线索背后都会有个线人，线人掌握线索的精准度，常会影响暗访目标能否被顺利突破。

拿到刘姓男子提供的线索后，记者与之联系，刘姓男子称，他曾是北京第五肉联厂的职工，因不满待遇离职。

我们遇到过各种线人，抱着不同的目的，我们能感觉刘姓男子拿记者"当枪使"泄私愤的欲望，在线人想利用媒体与媒体独立诉求的天平上，我们更愿意权衡线人的爆料中是否有涉及公共利益的信息。

"北京第五肉联厂"是这个题中唯一一个让记者产生兴趣的"要素"。

北京第五肉联厂的官方网站上称，这家企业由北京二商集团出资，隶属北京二商大红门肉类食品有限公司，始建于1955年，固定资产1.5亿元，是一家大型国有肉类联合加工企业。企业拥有班产3000头生猪屠宰生产线。

在公司介绍一页上，该厂着重标明，产品深受政府和消费者信任，多次承担中央及北京市重大活动的特供任务，是北京市政府实施"肉蛋菜食品放心工程"的重点厂家。

"肉蛋菜食品放心工程的重点厂家"，怎么会以猪血制作假鸭血，售往批发市场和零售店？4月底5月初，判断该题新闻价值的第一轮暗访开始。

目标是，这究竟是不是条"大鱼"？

按照线人提供的地点，记者以大型企业员工餐厅采购的身份，进入北京第五肉联厂的屠宰车间。

屠宰车间里机器轰鸣，电动传送带上，穿着"北京市第五肉联厂"制服的工人正在给一头头被电晕的生猪放血，尖刀扎进生猪下巴，向上一拉，血喷涌而出，猪血连同生猪身上的污水，以及粘连的猪粪、猪毛和其他杂物，一起流入血槽。

一名身着工装的工人提着塑料桶，拿着舀子从血槽中一勺勺舀出猪血，倒进桶中。该名工人称，新鲜的猪血，用来做血豆腐。

他的血豆腐工厂就在第五肉联厂屠宰车间的北侧，一间约40平方米的平房里，两个硕大的水泥池子里，混浊的水泡着成筐的血豆腐。

这里的场景跟第五肉联厂对外宣传的生鲜产品制作流程形成强烈对比，没有宣传资料里洁净的生产车间，这里的工人身上沾满血污，平房里污水没脚，腥臊之味扑鼻。

工人称，水泥池子里，大块的是猪血豆腐，小块的是鸭血豆腐，都是屠宰场新鲜的血做的。

记者质疑第五肉联厂并不屠宰鸭子，工人索性承认，鸭血豆腐也是猪血做成，"跟真的一样，根本看不出来，也吃不出来。很多批发市场和超市都从我们这儿订货。"

记者试探，这里跟北京第五肉联厂宣传的洁净生产车间大不一样，工人称，他们就是第五肉联厂的，"要不怎么会在第五肉联厂院里做血豆腐？我们承包了这项业务。"

"承包"二字，让记者如坠冰点。

线人提供的信息是，生产假鸭血的就是第五肉联厂自身，但现场暗访的结果表明，这里很可能是一个隐藏在大企业中的黑作坊。

将猪血承包给这样一个肮脏的平房制作血豆腐，而且又生产假鸭血，第五肉联厂固然难辞其咎，但也只能说第五肉联厂监管不严，最终的结局很可能又是记者举报至监管部门，一查了事，于严峻的食品安全局势难以撼动。

"我可以卖给你，但万一被人查出来，你别说是从我这儿批发的，说了我也不承认，鸭血豆腐都不开票。"工人卖力地推销着他的假鸭血，但记者已难抑沮丧。

柳暗花明：证据链闭合的探索

第五肉联厂门外是一座车水马龙的高架桥，5月的北京已燥热难耐，在高架桥下，所有参与报道的记者都下了车，蹲在尘土飞扬的马路边消化沮丧。

从事暗访报道的记者大都会想，探索大的黑幕，揭露事件真相，这种想法不是对小题材的不屑，只是我们报道过太多小题材，更需要用足够重大的黑幕，促使管理者对食品安全隐患真正开刀。

我们想到，有同事为了取证，整夜整夜趴在黑工厂的院墙上，证据就在不远处，但咫尺天涯，最终，在狗吠声中，这名同事匍匐爬行，拿到证据。

也有几个夜里，我们想尽办法靠近一个黑工厂的装货口，我们甚至想过，扮成醉汉，躺倒在黑工厂门侧。

只是这里更残酷，可以预料到结局的事，往往难有惊喜。

在第五肉联厂门外，我们还是决定将整个证据链跟下来，新闻报道总是无法毕其功于一役，如果无法一下撼动，我们也须步步触及。

再简单的暗访调查，最终也得形成完全闭合的证据链，否则报道就存在风险。在探索任何一个线索证据链的闭合过程中，我们也似乎从未一帆风顺过，喊哩喀喳快刀斩乱麻的快意从来只存在于臆想中，太多的暗访，都是将游丝一样的信息无限揪长，最终联通整个证据链，使暗访报道真实、可信，让被暗访对象无话可说。

所有人都在沉默着想对策。此前嘱托线人打听，这些假鸭血都运到了哪里销售，以便于记者跟踪探访。

"我只知道厂里在做假鸭血，卖到北京很多批发市场和食品店。"线人看出了记者不甘被"当枪使"，是以开始冷淡。

"再帮忙问问。"我们试探。

线人在电话里顿了顿，说，他听说稻香村也在卖血豆腐制品，而稻香村生鲜柜台在售的冷鲜肉，很多是由第五肉联厂配送的。线人的话里透露出一个潜在的逻辑，这提醒我们做了一个假设，这不是卑劣的猜测，只是一种挽住游丝的可能性：配送到稻香村的生鲜制品里，会不会有第五肉联厂院内生产的假鸭血？北京稻香村食品有限公司是一家驰名中外的老字号企业，专门销售糕点、速冻食品等，在北京拥有多家店铺。

稻香村究竟卖不卖血豆腐？

5月上旬，记者随即选择稻香村回龙观店、农大南路店、农大店等多家门店，这些店铺内均设有冷食专柜，且摆放有血豆腐出售。

记者询问售货员，是否有鸭血豆腐卖，售货员多称有货。稻香村农大店称，他们这有鸭血豆腐，但需提前订货，第二天可取货。这家店的售货员告诉记者，他们这的鸭血是第五肉联厂的，"你放心就是了。"第五肉联厂院内这个制作假鸭血的车间门口，停着一辆厢式货车，车厢内摆放着几筐血豆腐。

第二轮的暗访开始，我们的目标是验证猜测。

对这辆小型厢货的跟踪持续了四五天，但这辆车的目的地如线人所言，只是一些批发市场和生鲜食品零售店。5月上旬的一天下午，超过30度的高温下，我们持续沮丧地跟踪着这辆小型厢货，依旧无果，持续的时间、精力、财物投入，信心也会下降，后方跟版编辑已在判断是否该把这个题继续做下去。

就在此时，我们发现制作假鸭血的黑作坊门口还有一辆三轮车，每天下午5点左右，这辆三轮车都会拉着成筐的血豆腐开进开出，而每次这辆三轮车出门，黑血豆腐作坊都会有人蹲在院门口，三轮车驶回，蹲在门口的人会随着进院。以前我们判断三轮车运送血豆腐量太小，总是想着跟厢货，但这会儿，三轮车的频繁进出和怪异举动引起我们注意。

三轮车的目的地是第五肉联厂装卸货的大院，每天下午，数十辆白色厢货车都会开进装卸大院，将整扇的白条猪运往全市各个角落。三轮车到这来做什么？

有了疑问后，一拨记者守在了装卸大院，另一拨记者蹲在制作血豆腐的黑作坊院门口，三轮车开出后，守在黑作坊的记者通知另一拨记者，守在装卸大院的记者注意到，这辆三轮车载着大块的猪血豆腐和小块的"鸭血豆腐"，进入装卸大院，进院后，驾车者会左右观察，绕着装卸车间转圈。

一个傍晚，守在装卸大院的记者看到，三轮车停在了一辆运送白条猪的厢货车旁，驾车男子熟络地跟厢货司机打招呼，然后拉开厢货门，将10多筐血豆腐装进了厢货内。

当天晚上，记者跟着这辆装有血豆腐的厢式货车，一路从第五肉联厂向市区进发，这辆车果真光顾了稻香村多家门店，在农大店，售货员在夜色里从厢货车里端出多筐血豆腐回到店内。

我们想到从稻香村门店买出鸭血，但一个问题产生了：如何确定稻香村农大店销售的鸭血即是第五肉联厂黑作坊的产品？

跟踪三轮车向厢货上货，再跟踪厢货往稻香村门店送货，虽然我们明知厢货运输的除了白条猪，用筐装载的只有血豆腐，但我们却无法近距离拍摄，店员端进店里的就是血豆腐。

涉及两家大型企业，这组暗访报道的风险已然无形增加，我们必须要有一个完全闭合的证据链，用以证明此物非彼物。

两天的苦思冥想，我们最终决定冒险，在三轮车向厢货上货时，将标记固定在假鸭血上。

厢货的规律是在记者连续几天的观察后总结出的，当厢货准备装载白条猪时，司机会进入装载车间协助装货。

就是趁着这点漏洞，我们提前准备了多根牙签，用剪刀将牙签剪成断面不同的两段，每半根牙签都能跟另外半根对的上。

前半段牙签收好，后半段准备放入厢货内的鸭血筐里。

趁着夜色，记者潜进装卸大院，拉开厢货门，将多根半截牙签插进假鸭血里，全过程用视频记录。

当晚，这辆厢货如常送货到多个稻香村门店。

浮出水面：证据决定安全

头天晚上插牙签只是一身冷汗，真正忐忑的是第二天，记者担心这筐假鸭血会被其他消费者买去，一是担心吃出问题，再者担心一旦假鸭血里的牙签被发现，势必会引起黑作坊和稻香村警觉，这个题会瞬间死掉。

第二天一大早，记者守在稻香村农大店门前，头天晚上摸黑插牙签，摆放在这家门店里的假鸭血上还有裂口痕迹。

万幸售货员并未察觉，热情地将这筐假鸭血卖给了记者。

黑作坊里，每斤假鸭血的出货价是1.3元/斤，到了稻香村，鸭血豆腐8元/斤。

记者注意到，稻香村农大店给记者开出的购物小票，只显示所购物品为"排酸猪血"。

记者索要发票，开票员说，"不能开出明细。"

记者一再要求下，店员给记者开了一张"鸭血款"的收据。

抬着这筐"鸭血豆腐"出了稻香村农大店，将血豆腐逐一掰开，昨晚标记的半截牙签，赫然出现。

在厢货头晚送货的稻香村北师大店，记者并未提前订货，但在该门店也买出了"鸭血"。

售货员打保票，店里的冷鲜肉和血豆腐都是北京中瑞食品厂供应，保证是真正的鸭血豆腐。

记者想起在北京第五肉联厂院内的黑血豆腐作坊时，制作者扬言，全北京的鸭血豆腐全是猪血做的。

依照稻香村北师大店员的说法，记者按图索骥找到中瑞食品厂，在这里也发现一个隐藏于院内的假鸭血豆腐作坊，作坊主赤着上身制作血豆腐，汗水直接滴在血豆腐上，腥臊的作坊里，数十筐假鸭血豆腐待售。

对方"反扑"：报道之后的攻守博弈

证据链完成。

2012年5月14日，新京报调查版以两个版规模刊出《猪血勾兑假鸭血，稻香村店铺销售》报道。

危机产生在报道刊出当天，我和负责报道该事件的同事在山东暗访另一个选题，一家大型网站突然刊出一篇长文，稻香村在文中指责新京报记者"钓鱼"，"这是特殊顾客的特殊订单，稻香村从不销售鸭血制品。"

在从山东返回北京的高速路上，电话信号时断时续，六七个小时里，我们一路采访，隐藏在第五肉联厂的黑作坊主拨打新京报热线指责我们的报道"不实"。

此时方明白一个道理：暗访所得证据，只在报道中呈现7分。

就是凭着剩余的3分证据，我们回电逐条反驳黑作坊主，对方理屈词穷，承认确实是长期往稻香村门店配送假鸭血，"是假鸭血，稻香村都知道。咱们交个朋友，你们别报道了。"

微博上，稻香村假鸭血事件迅速发酵，越来越多的消费者通过微博反馈，他们几年间一直在稻香村各门店购买假鸭血。

实名认证演员"刘老斌"微博称："稻香村天通苑店鸭血卖了很多年，绝不是偶然现象！"

新京报的绝地反击追踪报道，使刊登稻香村"反扑"长文的网站迅速撤下该文。

连锁反应：穷追猛打是为刨根究底

5月14日报道刊发后，新京报对这件事中3家大型企业存在的食品安全隐患的追问其实才刚刚开始。

我们想要用报道中的事实去警醒公众和监管部门，在食品安全问题上，想像中的净土也已沦陷。

持续追问下，5月14日，北京稻香村就此向消费者致歉，并给所有门店发通知，要求停售所有的猪血豆腐。

同日，北京市食品办明确表示，责成有关部门对稻香村假鸭血事件进行调查。北京稻香村食品有限责任公司随后回应称，相关门店负责人已被停职检查。目前稻香村也暂停了猪血销售。

同日，昌平区食品办组织质监、商务、动检部门到第五肉联厂内的加工点进行了检查。大兴食品办已经把位于中瑞食品厂院子里的涉嫌生产假鸭血的加工点查封。

5月15日，北京稻香村声明，进一步采取措施，71家门店开设的生肉柜组全部停售整顿，暂时停卖所有生肉制品，进行全面排查。

5月16日，北京市食品办通报"假鸭血"调查情况，北京稻香村北师大店被查明"以猪血豆腐假冒鸭血豆腐销售"，北京第五肉联厂和北京中瑞食品有限公司的承租人涉嫌未经许可从事食品生产经营。

新京报报道"猪血勾兑假鸭血，稻香村店铺销售"后，北京市食品办组织公安、商务、质监、工商等部门进行调查，对于市面上销售的血豆腐制品已组织开展抽检。执法部门还将加大监督检查力度，对北京生猪屠宰企业进行规范治理。

"只有性别是真的"：王亚丽案件调查幕后

记者：黄玉浩

造假女书记挑战政府诚信底线

姓名、年龄、学历、履历与干部身份都是假的，冒充别人女儿身份，伪造公章变更企业法人，篡改公司股份构成，谋取数亿遗产，如果说三鹿奶粉的"三聚氰胺"只是揭露了一个行业运营牟利的潜规则，而石家庄市原政协常委、团市委副书记王亚丽则挑战了当地政府公权力赖以运行的诚信底线，"有这样的官员，咋能不出三鹿这样的事？"

2009 年 8 月，《编造弥天大谎，侵夺亿万资产》和《关于王亚丽假干部身份、篡改年龄情况的举报》——举报人王翠棉的两封举报信引起记者的关注，举报信中王翠棉称其父王破盘突然猝死，未留医嘱却留下价值 4.5 亿的金华综合停车服务中心公司，时任石家庄团市委副书记的王亚丽突然出现，自称是王破盘唯一的亲生女儿。两人互称对方"李鬼"时，金华公司控股的金宝公司的法人代表则悄然变更，不再是王破盘。随后，金宝两位股东提出作为原法人代表的王破盘并非金宝股东，只是临时聘请的执行董事长，无出资无股份，无遗产可继承，王翠棉则坚持金宝公司是其父王破盘多年的心血结晶，属完全控股企业。

除了遗产纠纷，举报信还披露王亚丽本名丁增欣，涉嫌干部身份与履历造假，多次更

"造假书记"王亚丽的官场现形记

2010 年 3 月 3 日新闻报道

改年龄从而能顺利被选为该市最年轻的政协常委、团市委副书记。

问题如此清晰明了，远比混进三鹿奶粉的"三聚氰胺"容易甄别清楚，谁是真女儿一验DNA就清楚了，王破盘在金宝有无股份，将企业的原始注册档案拿出来则一目了然。至于王亚丽是否存在改年龄等档案造假，户籍民警和组织部门都是很容易查清的，毕竟举报信详细列举了王亚丽自1996年以来的历次户籍迁移资料，资料中显示，在2003年，王亚丽用了不到两个月的时间将年龄改小了6岁，而这恰恰是她能当选团市委副书记的先决条件。

为何迟迟不能水落石出

容易甄别不代表甄别，问题摆得再清楚也可以视而不见。王翠棉的举报持续了1年零5个月，去公安局报案，石家庄市公安局给出4点意见：1. 王亚丽是名干部，她档案造假应归组织部门管；2. 真假女儿身份是民事纠纷，应去法院打民事官司；3. 王破盘有无股份，这是工商局的事；4. 新华公安分局违规查抄的金宝公司物品应归还现在的金宝法人。

"几乎没什么需要公安来管的。"王翠棉称，"尽管种种证据显示王亚丽涉嫌伪造公章、诈骗、涉嫌违法侵占他人数亿资产，但警察就是不立案，查抄的东西返还给金宝法人，却不顾这个法人变更是否合法。"

找组织部，从石家庄市到河北省两级组织部均一直称正在调查，尽管王亚丽在2009年6月被免职，却无相关组织定论；找市工商局，主管档案的副局长齐志刚坚称金宝档案丢了，找不到了，爱去哪告就去哪告，有责任就承担，尽管法院也判了工商局丢失档案违法，但就是丢失，你能怎么着。

法制日报社的记者先我之前在该市调查此事，什么都调查清楚了，走了趟市委组织部想了解"王亚丽被免职的原因"，当天就被该组织部高层出面给"和谐"了，稿子至今无法面世。

王翠棉一家从区，到市，到省，到中央，向各级纪检、工商和组织部门都投递了举报信，却石沉大海杳无音讯，绝望之际，王翠棉的二姐曾打算弄一包炸药炸掉金华大楼，"绝不能便宜那个贪婪的女人"。

为啥迟迟不能水落石出，在石家庄的采访可见一斑。记者曾搭乘王翠棉丈夫的车子（因该镇偏远打车着实不便）到王亚丽更改年龄的发生地获鹿镇派出所调查其更改年龄的细节，第一次到门口，向门卫亮出记者证，说采访王亚丽改年龄之事，门卫与所长直接通报数句后称，纪委已经调查多次，不便接受采访。记者随后赶到该县公安局，政治处主任则十分热情地说，"我们公安的责任一定要理清，是我们的错我们就承担责任，不是我们的错我们要说清楚"，于是给我开了介绍信。我再次回到该派出所，所里一位王姓指导员接受采访，明确"王亚丽个人涂改年龄造假"后，记者离开该派出所。

当天，记者就接到王亚丽的电话，电话中，王称，"弟弟啊，你到姐姐的地盘上调查我，也不给我说声，多危险啊！派出所的领导已经给我说了，你去调查我咋还坐举报人的车子呢？"

我说，"我坐他的车子，我给车费了，你可以调查，如果我的报道有失客观你可以举报我啊！"王回称，"现在世道太乱了，你说你在那再被人打一顿，都有可能是王翠棉雇人打的，然后栽赃我啊，弟弟啊，你太单纯，你不知道他们有多坏，为达目的，什么事都能做得来。"

王亚丽对记者关于验 DNA、法人变更、亲生父母等问题都一一回避，只坚称自己就是王破盘的女儿，"现在老人都不在了，我不想争任何东西，老人在公司一点股份都没有。"

而对于王翠棉举报称金宝现在股东薛立新是其丈夫、周东风则是其姐夫是否属实，王亚丽称，"在合适的时候，我会花钱请你到石家庄来调查报道此事，现在还不是时候。"

狐假虎威：王亚丽的"手段"

这些仅仅能反映王亚丽的点滴性格，而石家庄一位区公安局长则道出王亚丽的另一个"才华"，她深深把握一些官员只唯上不唯实的为官之道，她想搞定一个官员必然要假托更高级别的一个官来镇住这个官——就是狐假虎威。

石家庄市公安局某区分局局长王家庆（化名）曾与王亚丽有过几次接触，王亚丽曾对其说时任市委书记的吴显国已经对自己的案子有了定性，自己是冤枉的，希望不要为帮王翠棉而干涉公检法办案。

"他就抓住了现在许多官员只唯上不唯实的心理，假托一些高官的身份，来让下属官员听从她的安排，这就是狐假虎威啊，但很多官员又敬重她市政协常委、团市委副书记的官员身份，这样的人怎么可能撒谎呢，怎么可能骗自己呢，但实际上她就敢骗。"王家庆总结王亚丽的"手段"。

王家庆称，在王翠棉坚持查询金宝公司档案下落期间，王亚丽曾给企业注册分局局长白建军电话，说她有个朋友是中组部长李源潮的秘书，来石家庄，想请他吃个饭，请你作陪，遭到白建军拒绝。"如果白建军去的话，可能真的有一位秘书和他吃饭，但这个人究竟是不是李部长的秘书，作为我们这级官员也不好考证啊，但必然影响王亚丽在你心目中的印象。"

尽管邀陪部长秘书吃饭的事没有向白建军本人求证，但一位遭 107

专案组传讯的人士证称，齐志刚对办案人员曾供称，王破盘去世后，王亚丽曾到齐办公室称，市委书记吴显国比较关注金宝案件，需要查看金宝档案，你和我去市委送一趟档案。到了市委楼下，王亚丽说，你在楼下等我，书记让我带着档案先进去。下楼后，王亚丽手中已无档案，王称吴书记让我们先回去等电话，他现在很忙，要先看档案。

"吴显国有没有关注金宝，有没有要查看金宝档案，王亚丽有没有将档案给吴，有没有留下档案，后来档案究竟哪里去了，这些只有王亚丽本人能说得清，但至少蒙住了齐志刚。"王家庆称。

石家庄当地一位官员称，"类似三鹿的三聚氰胺，我们可以倒查，追查造假的层层环节，让造假者无处遁形。王亚丽经过多年的经营，已形成一个利益相关的网络，如今牵一发可动全身，不好查啊……"

一元钱的改革

记者：杨万国

一元钱的费用，14 年培养的肉痛，在庙堂和江湖呼应之下，95 天，终告割除。哪怕一元钱的改革，也是在回应民众的期待。

5 月 21 日，《新京报》头版头条报道——《机场火车站免收出租进场费》。

的哥黄师傅不怎么看报纸，听到出租进场费要取消了，第一反应是，"不可能吧"。

"这玩意儿都收了这么多年了，前段时间还闹过一阵，后来又没影儿了，利益大着呢，这么轻易取消？"

其实，作为这件事的一名"触发者"，我一下子也不敢相信。

肇始：三条微博质疑西站收费年近千万

了解出租车缴纳进场费这件事，其实是在一两年之前，有次从北京西站出站，打车时和司机聊起来，偶然听说，出租车进站还要缴费一元。当时觉得这个钱收得怪怪的。

今年 2 月 13 日，路过汉口火车站，出站时发现出租车奇少。因为有了北京西站的经验，我发了一条微博，质疑汉口火车站地下出租车这么少，是不是因为进站费

2013 年 5 月 25 日新闻报道

收得太高。上车后，我询问司机，没想到司机说，进站拉客，武汉政府每台车补贴 5 元／次。随后，汉口火车站私信回复我，证实了此事。

2 月 15 日夜 11 点多，我从北京西站出站，在地下出租车候车处，人很多，但出租车寥寥。加上最近北京打车难，我觉得在西站这种交通枢纽处收进站费，是给打车难雪上加霜。但因为一年多没关注，我不知道西站是否还收进站费，所以没敢质疑，只是发了一条人山人海候车的图片微博，然后耐心排队。

大概一个小时后，终于打到车。上车后我询问司机，进站缴费没有。司机说，"交一元钱"。我问司机，大概交多少年了，司机说，跑出租 10 年了，这费至少收了 10 年。我问有收据吗，司机说"没有"。司机告诉我，一月平均来西站拉客十多次。根据概率估计，北京近 7 万辆出租车，一年交进场费近千万。

我马上发布了第二条微博，质疑北京西站"收费依据"，每年近千万收费哪去了？收费造成打车难，是否戕害首善之区？并 @ 了律师周泽，要求西站公开账目。

但作为多年调查记者的职业经验，让我懂得，新闻的影响力来自详实而无可辩驳的细节。我开始检索数据，后找到北京西站官微，看到其官微发布前一日到客量 135000 多人。

我请司机估计，出站乘客的打车比例。司机说，有个 1/3 吧。我测算，这意味着当日进站费可到 45000 元。而西站全年日均客流量 18 万。到客量减半也有 9 万。1/3 打车，日均 3 万。如此测算，每年收进站费也 1000 万左右。

两个不同测算方法，得到相同的数据。于是，我发布了第三条微博，告诉网友我的测算依据。

高潮：新京报率先调查

第二天一早，我收到新华视点微博私信，希望转发我的微博。很快，以反应迅速著称的中广网发布了新闻，并直接引用了我的测算数据和质疑。中广网说，目前还没有相关部门承认收取此费。随后，央视新闻，众多财经媒体官微纷纷引述我的测算和质疑，发布了微博。

而我的第三条微博，当天就有 1000 多条转发。我当天就收到北京西站官微私信，解释此费非他们收取。要我咨询西站管委会。西站地区管委会亦表示不知情，要我询问北京市交通委。而北京市交通委的官微没有回复我。

2月17日，新京报社会调查版率先对出租车进站费进行了调查。这是平面媒体第一家介入。

随后，数百家媒体和其官微介入报道此事。出租车进场费迅速成为春运期间新闻热点。

在媒体的各自努力下，事实在一步步接近真相：从质疑没有收据、发票，到发现违规收费已14年；从发现原来是物业公司收费，到发现无收费行政许可，收费未上交国库……真相一个个被揭露。

许多人在期待着，这样漏洞百出，于情于法都不合理的收费被取消。

沉寂：事情很难预测

但事情往往是公众的一厢情愿。北京西站的士进站费补上了收据，照收不误。

3月两会，改革、新政成为亿万人的期待。我一直关注此事进展。4月，有次我去看望保育钧。老先生历任《人民日报》副总编辑、全国工商联副主席，后来担任中国民营经济研究会会长，因为多年为民营经济发展大声疾呼，获得外号"保大炮"。

"保大炮"开口就说，"小伙子，你发微博质疑进站费的事情我看到了，不错！"

于是我问他，虽然是1块钱，但据说涉及很多人利益，现在没动静了，您觉得最终会不会取消。老先生沉默了。

大概，我们面临的事物如果缺少程序的权威，规制的逻辑以及对真相的广泛透析，就会变得很难预测。

希望：改革如割肉

直到我几乎快将此事遗忘的时候。5月21日，《新京报》刊发了上述取消收取的士进站费的报道。

而这几天的热点是，国务院取消和下放行政审批和行政事业性收费项目共133项。这被认为是数年来清理的600多项行政审批和收费项目中力度最大的一次。因为"有实质性割肉"。

事实上，若以割肉论，一块钱的肉也不容易割。所以，此前打车时，我询问了的哥对进场费取消的看法，他们不信。

寻找这次割肉成功的背后逻辑，一条清晰的逻辑链隐约可见。

2月8日下午，习近平总书记到北京地铁施工现场、出租客运公司等看望慰问坚守岗位的一线劳动者。在北京市祥龙出租客运有限公司，他询问了群众反映突出的"打车难"问题，要求北京综合施策、标本兼治，努力解决好"打车难"问题。此后，北京出租车行业迎来了暴风骤雨式的改革。调价，增车，扬招站建设，纷纷启动。

4月24日，北京市政府发布《关于加强出租汽车管理提高运营服务水平的意见》，在这份意见中，已隐含对出租车进场费要割肉的表述。在优化运营环境中，提到，"加强调度站、扬招站管理，运营维护费用由市、区两级政府按照购买公共服务方式办理。"

5月20日，北京市交通委和发改委、财政局三部门专门发布通知，正式宣布取消。

一元钱的费用，14年培养的肉瘤，在庙堂和江湖呼应之下，95天，终告割除。

"我们听说是那条微博触动的，正好碰到一揽子改革计划，就把它作为很细小的一项纳入了"，一位知情人告诉我。

按照意见的部署，6月开始，北京出租车改革全面启动。而更令人期待的类似行政体制改革，已经正式开启。李克强总理宣告任期内把1700多项行政审批事项削减1/3。任何改革都难，但中国别无选择。

希望这些改革都能一步步实现，如同出租车进场费一般，虽然只是一元钱的改革，却能回应民众的期待。

兰考大火：当地官员离孤儿有多远？

记者：孟祥超

2013年1月4日，元旦假期后第一天。将近中午12点，我的电话响了。

"兰考出事了，烧死了7个孩子。赶紧去。"电话那一端，部门副主编的语速比往常快了许多。他说，孩子是一名叫袁厉害的兰考妇女收养的，都是有疾病或残疾的弃婴。

大火、弃婴、收养、病残。我不禁心头一震，出大事了。

当天下午两点多，我和摄影记者侯少卿坐上了最近一列赶往郑州的高铁。我的同事孔璞恰好在郑州采访。得知消息后她已赶赴现场。

随着时断时续的信号，我开始不断刷新最新新闻进展，搜罗关于袁厉害的一切信息。

说实话，兰考当时给我的印象，只有一个电视剧里的好官焦裕禄。

袁厉害是谁

1月6日上午，我第一次见到了袁厉害。她有心脏病、高血压、糖尿病，在接受调查时突然发病，被家人连夜送进了医院。

躺在病床上的袁厉害身形胖大，穿着宽大的深色棉布衣服，像个农村的邻家大婶。

家人说，她一直昏睡，中间醒来过，不是号啕大哭喊着死去孩子的名字，就是狠劲撕扯自己的头发。接着，又睡去。

2013年1月9日新闻报道

看到网络上对袁厉害的描述，有人说她借孩子骗低保，还有人说她卖过孩子。看到眼前的袁厉害，我心里多少还是有些疑问：她和孩子们的感情真这么深吗？她有网上说的那么坏吗？

袁厉害始终昏睡，采访无法进行。我走出兰考县医院，准备再采访一下她的邻居，也多少想印证一下自己的想法。

我刚走出医院，见到一名身穿围裙、黑瘦的妇女走到门口，一把就拉住了袁厉害的儿子杜鹏，接着就泪流不止，当着十几个媒体记者哭出了声，嘴里重复着一句话"咋会这样呢"。

杜鹏也哭了。

在袁厉害的家门口，一位老人家正对着镜头大声质问记者："谁说她不好，凭啥这样说？我和他对证。"为了养别人的孩子，小儿子杜鸣被送到奶奶家，12岁才被接回来，母子关系始终不怎么好。

旁边的人说，不光兰考弃婴，外地的家长也把孩子往她家送。没有袁厉害，这些孩子早就死了。

袁厉害的女婿郭海洋说，他的岳父多少有点异议。他劝说袁厉害，不要再多收养孩子了。袁厉害不听。

因为收养弃婴，袁厉害的名声越来越大，送来的孩子越来越多。

郭海洋说，他岳父担心，在自己还能抚养这些孩子的时候，这些孩子还有人管，等他们老了，这些收养的孩子会是自己子女一辈子的拖累。

第二次见到袁厉害，是在7日上午。一家媒体开车想拉着袁厉害去福利院。这时一个与袁厉害熟识的人冲过来，伸手塞给她几十块钱，她眼泪直流，又哭起来。

采访结束后，我和几名同行坐在一起，讨论袁厉害究竟是啥样的人。大家各自聊起采访经历，开三轮车的、开商店的，甚至是政府里的人，没有一个人说她坏。

一名上海的同行说，袁厉害一个邻居的第一句话就是："你知道吗？没有这场火灾，她肯定能'感动中国'。"

孩子们有多苦

8日晚上，我终于和袁厉害建立了联系。此时的她，已经受到了两名"保安"的特殊照顾，一批批记者被拦在了外面，也包括我。

无奈之下，我打通了袁厉害小儿子杜鸣的电话，再由他把手机转交给袁厉害。

从出事至今，袁家人几乎从没拒绝过我的当面采访或是电话采访，只是感觉袁家人都不善于表达，甚至为表达不出心里话，有些焦急。

电话那头的袁厉害声音很低，很客气。虽然没见过面，但总是以"弟弟"称呼。她开口就是，"他们为什么不让我见你，我想见你们呀，弟弟，你们在哪？"

当我提出采访时，她仍然是："你说吧，弟弟，我听着。"电话那头，她有些激动，言语有些混乱。她说，她给孩子们办过残疾证，办过孤儿证，但是没一个能办成的。

袁厉害说，她写过申请，县残联没给她一分钱。说到民政局特意压低了声音，"他们根本就不管我"。说着说着，一提到孩子，电话中的袁厉害号啕大哭。

郭海洋的记忆里，他的岳父母都很疼爱这些孩子。一个白化病孩子白妮，每天睡觉都搂着袁厉害睡，嘴里还叼着袁厉害的衣角。她从不打骂孩子，也不允许别人打骂。

听到这里，我不知道该说些什么来安慰她，在电话里沉默了好一会儿。

这些孩子，大部分生来就是残疾或重病，被家人抛弃，吃着变馊的饭菜，穿着别人捐的旧衣服。虽然是残疾人，却办不下残疾证。是实质的孤儿，法律却不认可。唯一留在这个世界上的身份，还是袁厉害"非法"办来的。而他们的命，是袁厉害给的。

我同事侯少卿在福利院陪了孩子们一整天。

1月6日，他说，他拍到一张照片让他非常震撼。"你看这孩子穿着什么。"顺手递过了相机。在他的回放显示屏上，一名15岁的男孩子，穿着一件带花的半透明女装。

袁厉害的儿子杜鹏的话，让我感受颇深。他说，很多孩子们没钱看病，没过多久就死了。带到地里，挖个坑就埋了，连个坟头都没有。

兰考有些官员好冷漠

我从事记者职业，至今有5年多，接触过多种风格的地方官员，兰考的官员们还是给我留下了深刻的印象。

1月5日是兰考县官方的新闻发布会，也是火灾后唯一一次新闻发布会。

我和《南方都市报》记者到达时，恰好和兰考县一个官员同乘一部电梯。

在这间电梯里，我们并没有见到他们因为7个孩子的死而面带悲哀的神色，反倒在电梯打开的一刻前，他们还一直说笑着，还调侃起一名女干部"看你像省里来的"。

我和南都报记者不由低头，各自叹了口气。

发布会上，副县长念完了稿子，和民政局局长、宣传部副部长转头冲出侧门，一句话不说，跑到楼下，钻进车里，司机一踩油门，冲出了记者的"包围圈"。

随后的几天里，我们再也没有见到这名副县长和宣传部副部长，甚至无法拨通他们的电话。

此前，兰考县民政局副局长李美姣在被媒体追问时，连连面露难色。最后，干脆拎起皮包，转身就走，头也不回。一位同行发出感叹，"兰考有些官员啊"。

到达兰考第一天，我住在了火车站旁边的一家酒店。第二天，为了争取点采访机会，转到了县里的温泉宾馆，这里也是专案组驻地。

我的同事孔璞住在另一家酒店。事发第二天，因为另有采访，她匆匆赶回郑州。此前，当地宣传部门多次盛情邀请，希望安排吃住，我们均婉言拒之。

一名同行事后说，宣传部安排了几家宾馆作为媒体接待，全包吃住，标桌至少 600 元起。在另一家酒店里，还专门为记者留出了几个包厢，供就餐，不限标准。

但这些，也遭到一些媒体的拒绝。

一名上海同行说，他见到满桌的酒菜，想想袁厉害和死去的孩子，心里很不舒服，没有动筷子。临走，他在桌上留了 100 块钱。

采访期间，有媒体报道，兰考县财政局花 2000 万元建办公楼，却没钱修福利院。

1 月 8 日，我和几名同行来到该县新修的行政事务大楼"阳光大厦"，这里宽敞明亮，甚至顶楼一层的房间未被利用。一位最高不过科级的领导办公室，就有 30 多平米。

在这座楼的旁边，是农业综合服务中心的在建新楼，高 14 层，建筑面积 18380 平米。这样的楼，在兰考显得异常突出。这也是该县 2011 年确定的"80 项重点工作之一"。

这座大楼的标志牌上，赫然写着造价 5000 万，在它旁边，还有至少 4 家大楼在建或刚入驻，大部分气势恢宏，都是机关办公楼。财政局大楼也在其列。

兰考有数不清的三轮车。每每有穿着破旧的三轮车夫从楼前走过，显得有些不搭调。

日前，有媒体刊登了兰考县一机关办公楼的效果图。我的朋友特意打电话问我："你看那楼像个啥？"我说，不知。

"那不是个太师椅嘛！"朋友说。

"穿越"泰坦尼克

记者：颜颖颙

"一艘伟大的邮轮悄悄地划破大西洋浩瀚的寂寞，天空被星星染上了宝石的瑰丽色彩，一阵单薄的凉风从冰山地区径直吹来，轻轻传出即将到来的危险信号。"

"而在这座'漂浮的皇宫'（指泰坦尼克号）内部，在1912年那个春天的晚上，处处温暖舒适、灯火辉煌。嘈杂鼎沸的人声，华尔兹的轻俏乐曲……欢愉的气息把这轻微的警告傲慢地抛弃在一边。然而，灾难，迅速地排山倒海而来……"

这段回忆的文字，来自泰坦尼克号的幸存者杜夫·哥顿女士。她是一位著名设计师，在伦敦与纽约都设有专柜。事发将近40年后，她才小心翼翼地撕开记忆的封条，抽取出这段尘封的思绪……

对《新京报》来说，做这个泰坦尼克号专题的过程，也是一个穿越时空、与这些人对话的过程。

"灾难现场报道"的"号外"

我们这一代人对泰坦尼克的感知，基本来自于卡梅隆导演的电影。还记得15年前，学校包场看泰坦尼克号，为杰克和露西缠绵悱恻的生死情感动得凭轩涕泗流。随着年岁渐长，逐渐意识到，在新旧世界之交，作为当时工业文明登峰造极的杰作，泰坦尼克号的悲剧，应该有更多高于爱情的内涵。

也因此，我们在头脑风暴的时候，一下子就回想到百年前，还原1912年的那个晚上本

2012年4月15日新闻报道

身，灾难究竟是怎么发生的？人们经历了什么？他们如何应对骤然降临的一切？如果放到现代文明里，这场灾难是否可以避免？

于是，我们穿越回100年前的现场，就像灾难第二天出街的"号外"一样，告知人们昨晚发生的一切。对讲故事而言，真实永远最动人。一不小心赶了个时下"穿越"电视剧的时髦，不过，我们聊以自慰地想，它们比我们弱多了。它们顶多穿越到唐宋元明清，我们却穿到了100年前的西方文明。

制作专刊的过程中，我们翻阅了大量的史料，找到了《纽约时报》、《国家地理杂志》以及许多不知名老报纸的记载。

这些文字的鲜活程度远超我们想象，感谢这些同行，他们的文字穿越百年后活在了我们的文字里，他们的故事历时百年又被我们挖出新的意义。

为了让整个专题更丰富，更有警示意义，我们也采访了大量的技术专家，试图揭示灾难的原因，而穿越的元素在这一环节，则体现为，运用现代文明，如何避免海难重现。有现场，有故事，有探因，有影像，封面也刻意采用了同时期中国旧报纸的式样，我们努力呈现的就是穿越之后的"灾难现场报道"。

爱情糖衣背后的人性光辉

对许多泰坦尼克号幸存者来说，他们的故事都是尘封的。有的人甚至终生都不愿意再回忆起那个晚上，就像最老的那位泰坦尼克号幸存者，她说，自己唯一的愿望就是做一个普通人。许多人带着泰坦尼克号的故事入土。

沉默是一种高贵的修养。他们或许是不愿面对内心巨大的冲击，或许是不愿回首不堪的时光。

制作专刊时，我们不断被感动。不是为爱情，而是为人性。我们逐渐明白，泰坦尼克号的故事，伴随幸存者零零散散的讲述辗转存世，却为何历时百年而不衰。

泰坦尼克号本身，既是一曲人性的悲歌，又是一曲赞歌。悲在于，它的倾覆很大程度需归因于人性的瑕疵；而赞则在于，得知遇难之后，人们所展现出来的人道主义色彩。

我们看到了太多致命的细节。比如，信号员忽略了冰山的警报信号，船员交班时带走了望远镜箱的钥匙，白星航运公司的董事布鲁斯·伊斯梅下令全速前进等。"曾经有人建议我在船上再加36条救生船，并在甲板上加上一层防水密舱壁，但这个建议被否决了，"这个细节来自于泰坦尼克号船上设计师托马斯·安德鲁斯的回忆。"这艘大家伙本身就是个大救生艇……"伊斯梅在泰坦尼克号的规划会议上这样说过。

如果不是这些傲慢、疏忽、好大喜功，对"永不沉没"的现代工业文明过于自信，灾难原本可以避免。

但遇难之后，人们所展现出来的沉静、勇气、从容、互助，种种风度无疑又为这艘船笼罩了一层悲壮的色彩。我记得一位女士在写给朋友的信里回忆说，"我们每个人都表现得非常冷静，像上等人一样。"

"妇女和儿童先行"这句动人的口号，也是在这起海难事故中变得振聋发聩。

除了史密斯船长，救人到最后一刻的安德鲁斯、穿上盛装赴死的管道大王本杰明·古根海姆、相拥被海浪吞没的梅西百货联合创始人伊西·施特劳斯和妻子以及华莱士·哈德利指挥下演奏到最后一刻的乐队，泰坦尼克号上还有众多可歌可泣的故事。在搜集资料的过程中我们发现，《泰坦尼克号》电影中所描述的一切，除了杰克和露西两位主人公外，其余所有人物几乎都有原型。

而即便是默默无闻的船员，他们也自始至终听从船长的号令。船即将沉没的时候，史密斯下令让所有的人下到舱室里，共赴海难，没有人拒绝。当然，也有苟且偷生的故事，人们也曾慌乱地试图逃生，但他们在一遍又一遍的"妇女和儿童先行"的号令下冷静了下来，表现得像个绅士。

除了这一刻的人性光辉之外，我们并不想试图去探讨更深层次的东西。比如"妇女和儿童先行"背后展现的价值观念以及西方的秩序文明，我们也不想设想，这一刻如果发生在另外的国家，会是什么样的场景。

虽然，这与我们每一个人相关。但我们始终愿意保有天真的相信，人性是共通的。

海难回音

尽管初衷只是想做一期不一样的专刊，在纪念百年的同题作文中争取一点关注度，但定下了"穿越"这个主题后，突然有打开了一扇宝库大门的感觉。因为，这些回忆的史实本身，比任何演绎、任何浮白的介绍、揭秘，都要精彩许多。

且看西方对其海难的报道。第三天，海难才成了"头条"。

在通讯并不发达的当时，泰坦尼克号遇难的报道第二天只是零星见诸报端，直到第三天，才牢牢占据全球媒体的头条。

所能找到的最早报道来自于 4 月 15 日，美国弗吉尼亚州的《里士满时报》。标题为"据称泰坦尼克撞上了冰山"。

4 月 16 日，消息在全球传播。《纽约时报》用黑体的三行通栏标题表达了对泰坦尼克沉没一事的震惊，"撞冰山 4 小时后，泰坦尼克沉没！866 人被客轮卡帕西亚号搭救，约 1250 人丧生。伊斯梅先生安全，阿斯托女士（船上首富约翰·雅各布·阿斯特的妻子）或许安全……"报纸用整个头版列出了部分幸存者的名单，并配上了船长史密斯先生的照片。

同一天的《洛杉矶时报》则以"泰坦尼克一头扎进深海，1500 人死亡"为标题。尽管内文不长，但着重突出了"妇女和儿童获救"这一点。

云南缉毒警的神秘丛林岁月

记者：崔木杨

中国的第一支专业禁毒队伍成立于 1982 年，成立这支队伍的背景是当时在云南省边界日益泛滥的毒情以及非专业队伍在侦办毒品案件中暴露出的不足。

缉毒警的故事似乎是所有商业警匪片中的永恒话题。与电影中不同的是，现实生活中的缉毒警也有着同常人一样的苦恼和困惑，为高企的物价发愁，为贪腐现象和备受诟病的富二代炫富愤怒。

不过，只要见到毒品或与毒品有关的事情，他们就会变得像一只正在捕猎的豹子，抛开一切，箭一样冲上去。年来这些缉毒警累计破案 25万起，抓获犯罪嫌疑人 32 万余名，缴获毒品 200 余吨，代价是 40 余名警员牺牲，近 400 人身负重伤。

缉毒警的别样人生

为了走进缉毒警这个特殊的群体，在赴云南采访前，我特意找来描写缉毒警生活的影视剧《玉观音》来看。

一个深刻的印象，就是缉毒警个个视死如归，侃侃而谈。

《玉观音》里会经常出现这样一幕，穿戴讲究的缉毒警驾着私家车在各种装修优雅的场所出入。

然而，在云南，我却发现，缉毒警给我的是完全另外一种印象。

我所接触的多数警员都没有私家车，有些人上班的第一件事就是为电动车电池充电。尽管有着各种各样的补贴，但禁毒警的生活依旧不富裕。

2012 年 5 月 14 日新闻报道

李杰（化名）是一名拥有 10 年警龄的警员，他每月的收入是 3000 出头。谈起收入李笑了，他说想致富就不会选择这个职业，不过要说缉毒警"缺钱"也不对，"有好些时候，我们这些警员，会坐在几千万的现金（毒资）上打一块钱的扑克。"

并且，他们也没有想象中的侃侃而谈，和缉毒警聊天甚至有些乏味。他们永远不愿意谈及工作上的事情，即便聊起来也会用警惕的目光盯着你。

我第一次采访缉毒警是在缉毒大队的会议室，3 名年轻且强壮的警员代表缉毒警接受了采访，他们在一条长长的方桌旁围坐成一排。

采访过程有些冷场，警员的倾诉欲不强，基本上处于一问一答的状态。

"你最担心的是什么？你最幸福的感觉呢？"

"嗯，也没什么，都挺好的。"

"看见毒贩的冲锋枪，你害怕吗？"

"不怕，因为我们是警察。"

面对记者的提问，警员们低着头，声调偶尔发颤，好像一位初次在向老师汇报成绩的小学生。

阿海的缉毒体验

他们经常要在热带雨林里爬上爬下，而在热带雨林，追捕毒贩是一个极为危险的工作，任何一点闪失都可能受伤，甚至没命。

我第 3 次见到缉毒警阿海，是在昆明的一家街边茶店，他穿着一双人字拖，大口嚼着槟榔。谈话前，阿海仍在工作。任务是扮演一名毒贩，混到一个贩毒团伙做卧底。

我们的话题从阿海刚刚分手的女友开始。"美女爱英雄？别逗了，那都是电影里用来吸引你们眼球的东西"，阿海对我说，现实生活中困扰男警员的最大问题就是难以获得理解，特别是自己钟爱女人的理解。

为什么呢？很简单，工作忙，几个月不回家是常有的事情。女人为此发牢骚，男人心怀内疚地道歉，周而复始。等到双方都累了，分手或离婚就成了顺其自然。

阿海讲，所有警种里离婚率最高的可能就是禁毒警，这一问题让很多禁毒队的领导头疼，为此有人开始在队里养花，据说这样可以避免阳气太重而引发过多的离婚。

阿海不愿意说起负伤或者牺牲的队友，在他看来绝大多数牺牲警员的故事里既有悲壮也有无奈。

比如，前不久曾有一名警察在原始雨林执行缉毒任务时腿部受伤，伤情本来不是很严重，可由于从执行任务的地方赶到最近的医院要 6 个小时，身边的人又没带急救包，这名干警最终还是因为失血过多牺牲在路上。

此外，他们经常要在热带雨林里爬上爬下，而在热带雨林，追捕毒贩是一个极为危险的工作，任何一点闪失都可能受伤，甚至没命。

吐槽"808 事件"

我在采访中接触到的警员，有一个共识，就是缉毒警面对的形势依旧严峻。

阿龙喜欢用海浪来比喻云南边境线上的持续不断的毒情。他说，云南地处边境，近些年来境外的毒情就好比狂风中的海浪，一浪高过一浪。

云南省公安厅的一位高级警官说，当时边境线上禁毒相对好开展，谁的地盘就找谁，这些地方武装为了获得认可，通常很愿意配合中国禁毒。不过这一情况在 2009 年发生了根本转变。

缅甸政府为了加大对边境线一代的实际控制，展开了一系列的军事行动。期间最著名的是 2009 年 8 月 8 日发生在边境线一带的"808 事件"。在这次行动中，原本控制果敢地区的一支地方武装被摧毁，刺激了其他缅甸境内的武装势力，也改变了中国的禁毒形势。

据云南当地官员介绍，"808 事件"后尚未被政府军收编的地方武装意识到，要想生存必须提升自己的军事实力，提高军事实力需要资金，在此需求下地方武装只能把目光再次投向毒品，走类似坤沙式的以毒养军的老路子。

5 月 8 日，云南省公安厅通报，近来武装贩毒呈上升趋势，境外毒品种植呈反弹之势，在缅北地区鸦片种植面积由低点的十几万亩反弹至 50 余万亩。

我在采访中接触到的警员，有一个共识，就是缉毒警面对的形势依旧严峻。而这，或许是他们不断选择出发的动力之一。

"房妹"是怎样"炼成"的

记者：孔 璞

2012年12月26日晚有微博爆料，一个户口在上海的20岁女孩是郑州市房管局领导的直系亲属，并在郑州有十余套经适房。

28日，郑州市房管局辟谣称，该女孩与该局领导无任何关系，名下房产多为商铺，均非经适房。

当时，我负责跟这个新闻。12月30日，我接到一个知情人士的深夜来电。

对方称女孩是二七区房管局前局长的女儿，名下房产多是商铺。他讲述了翟振锋的各种"事迹"，包括实际操纵房地产公司开发多个经适房项目，获利数千万外加数十套房产；向十余名官员行贿，以获得项目；挪用3000万公款投资黄河公路大桥，事发后归还公款换得平安无事等。

在挂电话前，这位知情人说："记者同志，你们应该去好好调查一下，作为领导干部，翟振锋为什么会这样毫无顾忌地以权谋私？"

放下电话，我就确定去郑州，探寻这个问题的答案。

2013年1月11日新闻报道

"靠房吃房"的家族

借助这位知情人士帮助，我接触了多位和翟振锋有过商业合作的人士，和他公司里部分敢言的员工。从这些人讲述和提供的材料中，我慢慢勾勒出这个"靠房吃房"的"经适房家族"的轮廓。

翟振锋通过提交虚假报告等多种手段，将3个经适房项目纳入囊中。在具体的开发过程中，他不满足于"垂帘听政"，而是亲力亲为，参与计划制订，监督工程进展。以至于有不知情的员工最初还觉得二七区房管局局长"很敬业"，"对区里的经适房项目很关心"。

翟振锋的妻子李淑萍是这个家族的"实权派"，2004年开发的"兰亭名苑"项目中，这位老板娘虽无"名分"，但经常坐镇公司，员工都十分惧怕她的"嚣张跋扈"，总经理和财务经理也听她差遣。等到2009年的南溪苑项目，她成为公司大股东及法定代表人，全权掌控公司运营。

翟振锋的儿子翟政宏则为父亲提供资金流转渠道，据多位知情人称，他名下的公司为兰亭名苑等多个项目赚到的资金走账。同时，翟政宏和他妹妹翟家慧还帮他们的父母分担了房产，他们名下各有十几套房产。

翟振锋的妹夫和妻弟则分别担任过兰亭公司和一通公司的法定代表人，但都是名义上的法定代表人，公司的实际操控权仍在翟振锋及其妻手中。但二人也从项目中落得不少好处，包括部分房产。

翟振锋的弟弟们另有公司，他们主要向翟振锋的数个经适房项目提供门、窗等各种设备。在做兰亭名苑项目时，因为提供的设备质量不达标，翟弟还曾一度被负责技术的工程师取消供货资格。

虽然2011年郑州市纪委在调查翟振锋时曾得出结论称，翟振锋家庭自上世纪90年代初至今一直经商（先后经营煤矿、造纸厂、房地产开发等），不能证实其拥有的多套房产购房资金来源违纪违法。

但熟悉翟振锋的人都说，翟振锋做生意一直不顺，曾被人骗去不少钱，打了多年官司，而造纸厂一年曾赔了50万元，第二年就关闭了。翟振锋的亲属也并不富裕，是随着翟振锋做项目而发达起来的。

一位郑州市房产系统公务员说，翟振锋在房管局8年，他的家人，不少成了"房叔、房婶、房哥、房嫂、房姐、房妹"。

"稳赚不赔"的生意

整个采访并不顺利。在我四处采访碰壁时，网上关于《人民日报》记者连打民政部15次电话无果的帖子被热转，但民政部比起郑州市的政府机关，算是小巫见大巫了。

在郑州市的采访过程，从另一个侧面印证了这座中部省会城市政府某些部门对信息的封闭。无论是市房管局、规划局、国土局、检察院还是二七区房管局、纪委、检察院，所有和翟振锋可能沾边的部门，只要去问，回答都是"我们不清楚情况"，"领导不在"。

郑州市很大，坐出租车一家一家跑完这些单位要足足两天，但到了这些单位，大部分时间是在办公室里一直等到对方说"我们下班了"。

最令人哭笑不得的是二七区房管局办公室主任，她直接告诉我，"二七区房管局啥职能也没有"，"翟局长当年工作很好，看不出有啥问题。"

我实在忍不住反问，如果房管局没有任何职能，翟局长又如何操控这么多的经适房项目？

对方无言以对。

事发之后，还竭力粉饰太平，隐瞒信息，更遑论事发之前了，媒体和公众根本无从得知更多的信息，又怎么谈得上监督？

在翟振锋多个生意伙伴看来，翟振锋并不是个合格的生意人：他缺乏基本的契约精神和合作协调的能力。

一位生意伙伴抱怨说，翟总是对工程自作主张，不听工程师的意见，也不考虑别的大股东的意见。"他决定了，就下命令，搞得工程一团糟。"

而另一位合作伙伴则看不惯翟克扣工程款和压缩原料成本的行为。"靠克扣工人工资和使用便宜的劣质材料是舍本逐末的行为，会给工程带来大麻烦，一个眼光稍微长远的开发商都不会这么做。"

翟振锋对利益的追求到了很多人不理解的程度，他开发房产可以赚数千万，但还要倒卖经适房，每套赚取 3～5 万元的中介费。尽管签订了合同，但他总是找理由从自己的合作伙伴那里索要更多的利益。尽管他资金充裕，但对工程队的工程款总是能拖就拖，能赖就赖。

但这些抨击翟振锋没有商业素质的人，却乐于和他合作，只因为，翟振锋"手里拿的项目稳赚不赔"。这令追求低风险、高利润的生意人趋之若鹜。

这些项目就是"经适房项目"。

"锦衣夜行"的权力

虽然翟振锋不是合格的生意人，但翟的合作伙伴都认为他在从政方面"有一套"，"翟振锋打通了区里、市里各方面的关系，拿项目办手续一路绿灯"。对于政府主导的经适房项目，大家都不认为这是商业项目，而将其看作"权力项目"。

翟振锋的权力公开在外只是一个房管局局长，担负二七区住房制度改革、廉租住房审批管理、低收入家庭住房保障等多项职责。但在暗处，翟振锋运用他的权力经营着复杂的关系网。

也正是由于上下保护伞的遮风挡雨，令翟振锋多年来从事违法违纪的行为，毫无顾忌。他还违反计划生育政策，生二胎，为一家四口办了双户口。

这暗处夜行的权力，带给翟振锋一家财富和地位，而免受法律的制约和制裁。以至于2012年11月媒体曝光翟振锋倒卖经适房后，相关部门仍没有对其进行任何调查。

甚至在2013年1月初，诸多媒体介入报道此事后，郑州市成立了专案组，市检察院一位工作人员还私下向记者们抱怨说，郑州市并不想再查此事，因为牵扯的人太多，一查就得罪人。

这似乎可以回答最初那个知情人的疑问，为何翟振锋如此毫无顾忌地以权谋私。

采访中和翟的熟人聊起翟去职之后的变化。其中一个说，翟去职后非但没有低调行事，还做了很多大家无法理解的事情。比如把跟随自己多年的亲信开除，以及拒绝支付工程款，工程经理要钱时直接告诉对方"去告状吧，告也不怕"。

这个熟人说，最初觉得不可思议，但大家讨论后觉得也有原因。翟振锋多年当一把手，说一不二，无论是二七区房管局的公务员还是合作的商人都对他毕恭毕敬。而失去权力后，许多人对他态度大变，而他还习惯于权力在手时的做派，仍要别人敬他怕他，矛盾之下，反而"变本加厉"。

"权力真是麻醉剂。"这个熟人感慨道。

1月12日，郑州市主要领导对此事作出"一查到底"的批示，1月13日，翟振锋被检察机关依法决定逮捕，并公布了初步调查结果。翟振锋事件告一段落。

我的一位公务员同学看到新闻，专程打电话询问翟振锋的发家秘诀和出事原因。他问我，如何才能获得利益，又避免像翟振锋一样落得被法律追究的下场。我想了很久说，你可以比翟振锋做得更隐蔽，更巧妙，但没人可以保证永远不会暴露。

预算公开：政府、媒体、公众都在学习

记者：蒋彦鑫

在 2010 年之前，财政预算一直是国家秘密；经过 3 次公开，预算已变成谁都能说上几句的社会热点。而记者面对公开的预算，怎么做预算报道是一个挑战，谁能够真正面对这个挑战，谁就能跑得更快。

"三公经费"藏在哪里

2009 年，广州 114 个市级预算部门公开了部门预算，对于大多数公众而言，这是第一次看到部门预算到底长啥样。

不过奇怪的是，同样是部门预算，广州可以公开，上海就以国家秘密为由不予公开，依据则是若干年前国家有关部门曾出台过一个经济工作中国家秘密及其密级具体范围的规定，其中将预算列入国家秘密。更奇怪的是，这个规定本身也是保密的。

至于广州和上海到底谁做得对，一直没有定论。

2010 年 3 月，这种有分歧的做法终于改变了。75 个中央部门陆续公布了部门预算总表和财政拨款支出预算表。我第一次了解到财政部这一年花了多少钱，第一次知道了财政部会有"农业综合开发"支出，第一次知道有"社会保障和就业支出"、"基本支出"和"项目支出"这样的专业术语。

问题是这些"天

2012 年 5 月 30 日新闻报道

书"一样的术语到底是什么意思？我们关注的"三公经费"藏在哪里？看来看去，依然一头雾水。

完全看不懂！这样的结论让自己觉得很沮丧。自己都看不懂，怎么写报道？只好给财政部门的人打电话，给专家学者打电话，还多次跑到财政局一副局长办公室，让他一个一个给我解释，这些听起来跟生活明显脱节的专业术语，后面到底隐含了哪些信息。

不过我没有找到满意的答案，这些按功能分类的专业术语，只是财政预算中非常粗线条的一个大口径。从这些信息中要了解到我们关注的公务员工资、公车花了多少钱是根本不可能的。

结果这次做报道，只能看看各个部门这一年花钱的总额高低，看看在住房支出上谁多谁少。

这样浅尝辄止的内容，和公众监督政府的目标很遥远，也达不到媒体报道的基本要求。

民众满意的预算信息公开该是什么样

这种满头雾水的状况在2011年开始改变，对记者真正的挑战也来了。

2011年3月起，北京陆续公开了57个部门的预算信息，北京市人社局、卫生局等部门的预算公开细化到项目一级，意味着公众可以看到某个机关的各种会议开销、人员开支、公车购买费用等开销。

我们想，能否对所有部门的预算进行梳理？问题来了，梳理首先得知道这57个部门都是谁，北京市一共有近200个预算单位，如果没有权威部门提供57个部门的名单，很容易出错。

我只好找财政局的人要，但对方不愿意给，我一天一个电话"骚扰"，他们就给我了。名单上有一些看起来很陌生的部门，公众根本不知道还要财政养着的，比如北京儿童艺术剧院。

这只是最基本的工作。信息公开得详细，意味着记者要从浩瀚的数字中寻找公众关注的、离大家比较近的一些信息。市教委、人社局等很多部门公布的信息都上千项，绝大多数看起来好像跟公众无关。大量的工作都在大海捞针似的寻找有效信息。

这个工作没有一点投机取巧的可能，还要绝对准确，一个部门看下来就头晕眼花。不过这个工作的结果让人兴奋，我们看到一些之前不可能了解到的信息：市工商局本级行政执法服装51万元；市人社局机关车辆更新127万元等。但这些碎片化的信息，怎么系统化、清晰化呢？

57个部门预算全部公开了，我们想如果对所有信息分析梳理，同类合并，是否可以找到一些规律性的东西？

在全部预算公开的当日，后方编辑开始对57个部门信息系统梳理，将公众关注的公车、会议费等单列。结果表明，57个部门中有22个部门预算显示，今年安排公车购置更新预算资金4000多万元；24个部门预算显示安排各类会议和考察预算资金5800多万元。

这样的信息虽然依然是残缺的，但至少可以让枯燥的数据跟公众关注热点有明显的契合点。

"预算总额最高"就是新闻吗

在预算信息逐步细化的过程中，国内媒体对于预算公开的报道都处于摸索学习阶段。在一个多年来预算是国家秘密的现实下，别说记者，即使是财政金融学的教授们，都没有见过真正的预算是什么样。突然公开了预算，对于一张白纸的记者们来说，是个巨大的挑战，如果不能面对，就要步步落后。

不过这种半遮半掩的公开，不仅在消耗公众对预算关注的热情，也给预算公开工作本身带来了困扰。

专家依然认为公布的信息存在缺陷，真正让公众满意的预算信息公开应该是什么样？我们采访了香港立法会议员陈鉴林，让他介绍香港预算公开是如何做的，让读者对预算公开的看法更全面。

正如专家所言，预算信息公开的不透明、不全面、不细致，让这些碎片化的信息，不可避免地会在一定程度上落入"眼球效应"的境地。

比如今年中央部门预算公开，很多媒体的标题突出了教育部预算最高达1800多亿。这会给人一个概念，就是教育部的钱好花。事实上，教育部的预算支出，涵盖了教育部本身和全国很多所高校以及相关教育机构，单位多，总预算自然高，而预算更关键的是支出是否适度和合理，这和总预算并无直接关系，但信息不充分，大家只能关注这些。

再比如"三公经费"，不少媒体报道时都会比较总数哪家最高，哪家最低。但在没有公布单位人员数量、公务情况等信息的基础上，这样的绝对数的比较，很难客观公允。比如一个300人的单位"三公经费"花了1000万，跟一个3000人的单位花了1000万，反映的问题完全是不一样的。

遗憾的是，一面是预算公开细节缺失，一面是媒体报道的不专业，时常扭曲了预算中的信息。

　　从发达国家的经验看，预算公开只是公共财政中一个最基础的问题，中国未来走向全面的预算公开、预算民主、预算在人大会议的博弈、预算的绩效等等更加深入和复杂的问题，还需要走很长的路。对于一个从事预算报道的记者来说，这条路同样艰辛和漫长。

平凡的恶：被遗弃老人之死

记者：张 寒

两年前，山东鄄城县彭楼镇刘楼村村民吴喜莲走失。一周后，遭遇车祸，被拉到郓城县医院，未得到治疗。她躺在医院的院内约6天后，4名医院人员开车帮她找家，未果，将她放在敬老院附近。吴次日死亡。

吴喜莲的故事来自于王萍父亲的一封信。

在信中他讲述了一个做好事做了一辈子的好人，如何被冤枉的故事。在这封信里，我更多的看到了一个老人如何一步步在被忽视中走向死亡。忽视她的都是一些和你我一样的普通人，没有坏心，更没有想过这辈子会和犯罪有一丁点联系。

到了郓城，这种感觉愈加强烈。几乎见到了和吴喜莲接触到的每一个人。他们的第一反应都是，"我真冤"——记者同志，你可要为我申冤啊"。每个人都有自己的理由。

120司机，"我只是被领导安排出车"。

保卫科长"送敬老院是王萍的要求"。

急诊科主任，"这个病人我没有经手过"。

接诊的急诊科副主任"她没有外伤，我咋能看出来"。

吴喜莲躺在急诊室外的五六天里，急诊科的护士医生们，"没注意到""那里经

2012年3月19日新闻报道

常躺着流浪的精神病人"。

这些话成为他们反复咀嚼的理由，是因为吴喜莲死了。如果吴喜莲最终没有死，或者是死了没有被发现，没有人会想到自己这么做有什么不妥。

不过是，没有管而已。而死了，自己因为接触过，"算我倒霉"。

王萍是这个事件里，唯一出现的主动作为者。她为脏臭了半个月的老人清洗身子、喂奶。这算是老人最后半个月的唯一暖色。

但是王萍也没有拯救老人。她为老人擦洗，为老人找家，最终却仍然将老人遗弃在敬老院门口。她说，她以为这是最好的选择。这个主动的行动，最终让她站上了被告席。

采访每一个人的时候，我都会问，你觉得你对老人有愧疚吗？

答案很有意思。没有——是最保险和最常见的回答。有人会岔开话头说起当时自己的苦处，有人会说，没有愧疚，但有点后悔。"后悔不该太听领导的话"。

对于将吴喜莲放在敬老院附近的4个人来说，他们最常重复的一句话是，"她一直呆在急诊室门口那也会死啊"。这是实情，最终的死亡鉴定报告证明，老人是死于之前的车祸引发的结肠坏死。

正如他们所说，老人死在那里，责任就不同了。

没有人直接杀死老人，也没有人存心害死老人。在这个故事里面，每一个普通人都有自己的恶。他们坐视不理，他们心存疏忽，他们判断错误，他们遗弃老人。但最终，这些恶汇集起来，施于一个生活不能自理、生命垂危的老人身上，导致的是一个生命的消失。

我们可以追究体制之恶，三无病人应该如何对待？有怎样的跟踪系统？社会机制应该如何更有效地保障精神失常者？但在这个故事里面，更让人唏嘘的是平常人之恶。一个生命，理应受到每个人的珍惜，多一点点责任和热情，可能会是不一样的结局。

因为案子至今未判，冷漠和忽视，有时候真的会杀人。

产科医生的"杀熟"逻辑

记者：李 超

不对等的信任

最近我一直在采访陕西富平县拐卖新生儿案件，其中的情节惊心动魄，颠覆了我的很多认识。

中国有句老话说，最危险的地方往往是最安全的地方。而张淑侠的经历，却让我觉得，你认为最安全的人，很可能是最危险的人。

张淑侠是陕西省富平县妇幼保健医院的产科副主任，就是她，原本该是一位"白衣天使"，以救死扶伤为己任。可是，她却编造各种理由，欺骗自己的"熟人"放弃即将出生的孩子，而后自己却偷偷把孩子卖掉。

我一直想不明白，这背后是一种什么样的"杀熟"逻辑？

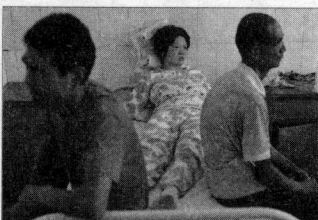

新京报 2013年8月5日 星期一
A08 热点

富平被拐婴儿获救 3买主被拘

家属称孩子经转陕晋三省后被卖到河南，正在进行亲子鉴定；涉事医院3名领导被免

涉事医院被指违规处理病死婴

涉事医院院长等3人被免

2013 年 8 月 5 日新闻报道

受伤的都是"熟人"

多数报案的家长与张淑侠是同乡，与张淑侠都是熟人。张淑侠都以孩子养不活为由，让家长放弃婴儿。

8月2日晚上8点，陕西省富平县妇幼保健

院住院部二楼，病房外的医生行色匆匆，对这个神秘的一号病房避而不谈。

事发后，来家"霸占"了一号病房。55 岁的来天祥是被贩卖婴儿的爷爷，产科副主任张淑侠的小学同学，还是同村的邻居。夏日的炎热，以及病房里的汗臭味，让我明显感觉到，这一家人在突然失去孩子之后的迷茫和落魄。

我是来天祥接待的第一个来自北京的记者。在见到我之后，他的落魄找到一个"宣泄"的途径。

他确实乱了头绪，说话带着浓浓的乡音，慌慌张张地找出病历，叙述故事时有些细节不断被重复。他习惯说，"哦，忘了告诉你，还有一个重要的事。"生怕漏过任何一个能证明自己的细节。

他给我指着儿媳的病历，在婴儿记录上，有关"畸形种类"一项有明显的改动痕迹。这里原来的填写"无"，后改成"外观有畸形"。其中，"有"字覆盖了原来的"无"字。当然，这些他们后来才发现的。当初作为病人家属在手术单上签字时，一家人吓傻了，更何谈去发现病历中的猫腻。

分析这些案子，有诸多类似，多数报案的家长与张淑侠是同乡，与张淑侠都是熟人。张淑侠都以孩子养不活为由，让家长放弃婴儿。

陌生的"熟人社会"

薛镇是苹果之乡，距离富平县城一个多小时的车程，路不好走。

在路上，我曾试想，一个女人，怀胎十月，临产前要经过这一路的坑坑洼洼，抱着多少期待而去。"噩耗"之后的那种失落感，整个人犹如被抽空一般。

夏日高照，我在薛镇韩村四组找到杨秋棉时，她正在自家玉米地里干活。玉米已长到一人多高，杨秋棉完全消失在这片绿色丛林里。

2006 年，杨秋棉的孙子也被抱走。她与张淑侠是 4 年同学。

她对张淑侠有极好的印象，因为张淑侠的老公是他们的班长，而张是副班长。去年，她参加同学会，还一起合影。照片洗出来后，放在房间相框中，很显要的位置。

村子里都在传张淑侠卖孩子的事情，杨秋棉犹豫要不要报警。我建议她报警，不管孩子是否活着。最后，她接受了建议。在杨秋棉的身上，我看到在张淑侠编织的熟人网络里，同学之间的那种无以替代的信任，但那是不对等的信任。两人虽为同学关系，但张淑侠站在"台阶"上，杨要抬着头看着她。

地位相差形成的权威优势，又让杨秋棉绝对的盲从，以至于家长们几乎没有任何说"不"的机会。即使真有丝毫的怀疑，在张淑侠的强势"忽悠"下，这种怀疑倒会让家长们觉得自己多疑又敏感。

8月3日，我敲响张淑侠妹妹张小红（音）家的门，过了很久，一个中年妇女才出来。

得知是记者，就喊"滚"。

我说服她接受我的采访，哪怕是说说姐姐的好。其实，她也是张淑侠熟人社会中的重要一节，张淑侠背后交织了多个"熟人社会"。

"杀熟"的社会土壤

在张小红所在的薛镇，认识县医院的产科主任，是种"荣誉"。

按照农村习俗，社会关系简单，仅有的社会关系网。极其容易被复制利用，并且扩大。

而张小红的朋友，和她所在的村子，又成为另一个"熟人社会"。在他们的思维中，多年老同学关系，张理所应当要帮助他们。张淑侠把对同学亲戚的"关心"用到了极致，而这种"关心"确实是最大的圈套。

一边是多年的老同学，一边是医疗卫生基本制度，你会如何选择？选择相信医生，还是选择相信医院？

人际关系中寻求后门的心态背后，是他们对基层医疗体制的不信任。这种错位的信任，也是对不健全医疗制度的拷问。

其实，与张淑侠一样，每个人都有一张类似的熟人社会网络，同学、朋友、亲戚，都是这些网络里的节点。

这里是牢固的伦理纽带，淳朴的乡情编织起来的温情的熟人社会。

在县域"熟人社会"中，这样的人际关系让人感到放心、安全。

现实如此不堪一击。张淑侠撕裂了这种关系网络，更颠覆了民众对熟人社会的信仰。

有人说这是个案。我却感到这种个案的可怕之处，已重创了民众对白衣天使的认知底线。

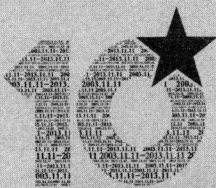

新京报

品质源于责任

新京报十周年丛书

第二辑：现场篇

　　最好的新闻在哪里？当然是在路上。路上的新闻在哪里？当然是在现场。所有的好新闻，都只会在现场。只有在现场，你才能做出最好的新闻。不要相信那些所谓讨巧的花招，做好新闻没有第二条路可以选择，只能是在现场、在现场、在现场。现场为王，现场就是王。看完这一辑里的我在现场的故事，你所要做的就是：出发吧，去现场！

她为何挖掉了男童的双眼？

记者：朱柳笛

此前默默无闻的山西贫困县汾西，最近因为一起恶性伤害案件闻名全国。

从太原前往当地，一路是黄土沟壑纵横，难得看见人烟。除了国道的路极其难走之外，还能在途中看见停在路旁等待半夜冲岗的超载货车，以及凋敝的小镇，房屋破旧，时光仿佛停留在上世纪 80 年代。

汾西县城就坐落在一片山沟里，我抵达的时候，已经是 20：00 多，整个县里，竟然没有一盏路灯亮着，绕过转盘进入城区，闯入眼帘的是"严管街" 3 个大字，充斥着某种话语的威严。再往前一些，就是各种洗浴、休闲场所的璀璨灯光，五颜六色，与县城里低矮的房屋极为不搭。

被挖眼男童伯母坠井身亡

乘客证实：冀中星系被东莞治安员打残

2013 年 8 月 31 日新闻报道

男童的生存土壤

小斌一家在县城里租住的房屋，其实并不算偏僻。只是这片社区位于汾西县城的长途汽车站后，人来人往，环境复杂。

他家在一幢居住了 10 多户人家的院落一角，里边全部是租客，大家从周边村落前来，都只为了一个目标——自家的孩子上学。小斌的县城之旅，也和村中小学的消逝相关联。如果不是村里的小学被关闭，成为了一个小卖部，小斌可能依旧生活在村庄之中，也许就远离了这场灾难。

尽管小斌母亲在事后称平时不让孩子去远的地方玩耍，但她疏于孩子的照管，也是不争的事实：因为经济困窘，丈夫受伤，她只好摆了两张电动麻将机，每天张罗着周边的人来玩麻将，收取座位费维持家用，只能将孩子交给11岁的女儿照顾。只是，天性爱玩的孩子，又怎么能照顾好另外的孩子呢？

院落也是典型的窑洞风貌，站在大路上，能窥见脚下院子里发生的一切。但站在院子要想知道大路上发生的事情，就没那么容易了。从小斌家到案发现场所经过的人家，多是典型的深宅大院，红色的大门紧闭，院落的围墙高耸。

唯一的摄像头，还是一家废品收购站老板自己安装的，为了防止有人偷窃。这个距离大路约有7、8米的摄像头，像素不高，只拍下了犯案人模糊的身影。除此之外，再无其他可以记录小斌踪迹的手段。这些都是小斌跟随犯案人离去后，没有人察觉的原因。

当地的民警已经在案发现场蹲守了好些天，他们也曾私下议论，案子迟迟不破的原因，比如事发后的第二天，下了一场雨，冲刷了好些痕迹，尽管警犬们已经在周围找了好久，仍旧没有找到挖出孩子眼睛的凶器。

山西省公安厅的人，也曾来现场，我们和他们有些交流。其中一位同行说，有人愿意出资30万来悬赏罪犯线索，对方答道："现在不缺钱，缺的是线索。"

突如其来的伯母跳井

整个案件的重大转机发生在8月30日，有消息传来，小斌的伯母张会英在家中跳井自杀。

张会英，确实是我们此前采访中一直忽略的一个人物。作为小斌的亲属之一——其伯父郭志成的妻子，张会英曾在小斌出事后见过媒体，据同行描述，相比起丈夫的客气，她只是安静地坐在一旁，一言不发，除了不像普通家庭主妇那样端茶送水，或者做一些家务，也看不出有什么异常。

她的自杀让我们疑惑不已。为何偏偏是这个节点？为什么是小斌案发后不久她跳井自杀？是否和案件有关联，是否畏罪自杀？

为了寻求答案，我们前往了张会英生前所居住的乔家庄、工作过的养鸡场以及老家张家庄。

她的家人和村民们，为我们勾勒了一幅张会英的素描：胆小怕事，容易晕厥，精神状况异常，有时会有些鬼神之说。

跳井前一天，张会英的精神已经不太好，有人将她的父亲从娘家请来，暂住在乔家庄，方便照顾。但没想到，老父亲也没能拦住女儿跳井自杀。

但值得推敲的是，张会英确实有作案嫌疑。我们从多种渠道了解到，小斌事发当日，张会英于 15：00 左右离开养鸡场，此后有目击者看到她出现在县城。而直到第二天，她和丈夫才领着瘫痪的老父亲回到了乔家庄。也就是说，案发前 4 小时，张会英行踪成谜。

当地的一位酒店老板，在张会英跳井自杀的第二天，也曾悄悄告诉我们，一位警察朋友说，基本锁定了张会英涉案。

乡土的悲剧

9 月 3 日 23：00 多，小斌一案原本已经平静的舆论再次被搅动，新华社发布消息称，已经锁定其伯母为犯罪嫌疑人，并在张会英的衣物上，检验出多处小斌的血迹。针对网友的诸多质疑，当地警方也很快公布了案件的细节以及侦破的过程。

一位公安部的相关人士称，张会英的作案动机为两家老人的赡养问题。

我曾见过这位老人。张会英跳井后，媒体们涌入乔家庄采访，入村的道路被当地的公安封锁了，不让媒体接近。远远望去，郭家闹哄哄的，女人们抹着眼泪，瘫痪的老人家被抬了出来，暂时安置在另一位村民的家中。

他躺在窑洞的炕上，面容愁苦，一言不发，有些孤独的样子，甚至还没有人来告诉他发生了什么。

已经没有人记得他是哪一年瘫痪的了。只知道，郭家兄妹轮流照顾他，每家分别照顾 4 个月。今年年初，小斌的爸爸——郭家的三儿子郭志平伤了脚后，不能出去干活，索性将父亲从哥哥郭志成那接了过来，放在自己家照顾，并要求另外的哥哥、姐姐拿出钱来赡养老人。

显然，费用上发生了分歧。郭志平的妻子王文丽说，张会英家一直不愿出钱赡养老人，从 10000 元降到了 5000 元，而张会英的弟弟张瑞华则说，听姐姐张会英说已经给过了 5000 元。

乡土社会的矛盾，往往与经济利益相关。有时候仅仅是几千元的事情，也许就成为了凶案的导火索。这一切的起因已经不可寻了，但是这样的悲剧谁也不希望再看到一次。

我经历的"广渠门救援"

记者：陈 杰

2012 年 7 月 21 日下午，我在办公室。

窗外，雨点忽大忽小，下午 6 时许，瓢泼大雨，树枝都已抬不起头，窗户被雨水击打着发出"噔噔"声。

晚上 7 点半左右，大雨愈加剧烈，我本能的反应是，这样的雨量足以让城市的低洼地段再次遭殃。

我给摄影部的同事逐一拨打电话，电话那头都是"哗啦啦"的雨声，他们都已开始行动了。

天气预报显示，夜间强降雨仍将继续。

晚上 8 时许，我拿起相机，裹上雨披，冲进雨中。出门前，我还专门将手机、相机镜头用塑料袋裹住，做好涉深水的准备。

因能见度低，我打消开车的念头，抄近道步行向广渠门桥西铁路桥方向。

此时，我没有任何关于广渠门桥西铁路桥积水情况的消息，选择去广渠门桥，一是离报社近，二则根据经验，以铁路桥下的低洼地势，势必造成积水，道路中断。

约 21 时许，在离铁路桥 500 米的地方，我发现路面塞满了车。远处，在我和铁路桥之间的一座过街天桥上站满了

2012 年 7 月 22 日新闻报道

打伞的人，他们都面朝向铁路桥方向———一定是铁路桥下积水了。

一路奔跑，我看到更多围观的人，路面上，周边的居民楼前，都站满了人。

我用力拨开人群，眼前的情景超乎想象，以铁路桥为分隔带，积水向两边铺开，宛若一片湖泊，积水高度已经接近漫到铁路桥底部。

在铁路桥上下各有两个穿橘红色救生衣的人在忙碌，现场警察说，他们是在救援一个和汽车一起沉到水下的司机。

我绕过积水，从铁路桥西南方向一个2米多高的围挡翻过去，顺着铁路走到铁路桥上，有两名武警消防军官正在用绳索牵引着潜入水中的人。

其中一人说，在北京十多年了，没遇到这么大的雨，"桥下的水大概有4米深，至少有5辆车沉入水底。"

由于积水浑浊，雨依旧在下，救援非常困难，搜救的人首先需要在宽阔的水面下找到沉到水底的车，即使找到车，也看不到里面的情况，只能憋气用工具把玻璃敲碎，然后用手或脚伸到车内摸索。

一辆、两辆，当摸到第4辆车时，发现里面有人。

约22：00点，水中搜救人员将绳索拴好沉入水底的车辆，然后往西侧的岸边游去。

牵引开始了，起初是8个现场救援人员在用力拖，可是沉入水底蓄满水的车实在太重，又是在齐腰深的水里，不好用力。

一名警察回头对围观的群众喊道："谁来帮忙拉一把？"话音未落，上百人冲进水里，由于绳索不够长，只有几十个人抓住了绳子，大家喊着一致的口号，十几秒钟就把车拉出了水面。

然后，消防人员用工具撬开车门，被抬出来的溺水男子，看上去毫无生命迹象。

人群中，一个住在附近小区的女孩看到这一幕，突然将脸埋在男友的怀里，哭泣起来。

周围的嘈杂声戛然而止，雨水砸在雨伞上的声音格外清晰，空气凝重，人们目送着救援人员将溺水男子送往停在旁边的救护车，一直到救护车消失在视野里。

23：20分，门外的很多公交车此起彼伏地摁起了喇叭，有人喊，"通车了，上车回家啰。"

不一会儿，路面拥堵的状况消失了。

行人，路面，移动的车辆，一切都被照耀在路灯下，涂上了一层昏黄色。

如实记录发生的一切

记者：卢美慧

　　进入房山已是 2012 年 7 月 24 日，当天早晨出发前，在网上看到韩村河镇打捞逝者的视频，看着拄着木杖期盼儿子的父亲，跪在地上呼喊哥哥的弟弟，突然间就情绪失控，放肆地大哭起来。

　　那一刻我想，作为一名记者，不能记录这些寻常人的苦难，就我的职业而言，是一种犯罪。

　　跟同事们驱车奔赴房山，第一站是这次发生泥石流灾害的霞云岭鱼骨寺。突来的灾难，将半山腰的一户人家瞬间吞没，远远看着泥石流从山顶延伸至河谷的巨大斜面，蛮横地切断了刚刚修好没两年的盘山公路，在这个村庄人与自然的角力中，人输了。

　　泥石流造成一位 88 岁的老太太身亡，老乡们叙述着当时营救老太太的过程，虽然她的死，在这个封闭的山村没有造成多大悲伤——当夜的大雨、倾泻的泥石流、老旧的房屋，乃至老太太的年龄本身，都无形中减少了坚守在村子里的人们的悲伤。

　　但是营救的过程，在暴雨未停的夜晚，在刚刚发生过泥石流的松散的石堆上，村子里能动弹的老乡们用手挖出了尸体。

　　老乡们从河谷里找出了老

2012 年 7 月 25 日新闻报道

太太为自己准备了好几年的棺材，抬到路边，再沿着被泥石流截出的巨大斜面将老太太入殓。

第3天，一场30分钟不到的简单葬礼，一个叫做李玉书的人生就此掩埋。

我们在灾区里穿行，在十渡，看到在淤泥中挖取暴雨前生活用品的百姓，裹满泥浆的衣物、床单用水桶担着，主人告诉我们要把这些洗干净了接着用。

在与河北交界的一个叫北石门的村子，村民们叙说着暴雨当天的恐怖记忆，石头就着洪流往下滚，摧城拔寨。

一家被淹的旅店旁边，大雨夜被困野三坡的货车司机叙述着100块钱买一盒泡面的经历，气愤的唾沫横飞。

离开村子的时候，一个大哥追着我们嘱咐，"今天夜里还会下大雨，你们小心点。"

路边抢修道路的工人告诉我们，两天两夜几乎没怎么合眼……

在灾区，很多印象都是碎片式的，刚听到一个全家被淹的悲惨故事，很快就有一个绝处逢生的幸运儿，前一秒修路的师傅友善地帮你挡住被货车碾起的泥浆，后一秒就有不明身份的人问："你们来这里做什么？"

这是我看到的真实情景，无情的灾难面前，我们随处可见坚韧的、乐观的、充满善意的人们，也能随处发现"如果当时采取什么样的措施，一切或许可以避免"的例证。

在周口店镇黄山店村，因为有及时的预警，村民们在当晚8点之前几乎全部撤离到了安全的地方。

当日预报还有大雨，村委会指挥大家分装沙袋，搭建帐篷，为夜里可能到来的暴雨做准备。

这个在7月21日如果没有采取相应避险措施，很可能面临巨大损失的村庄，让所有的同事几乎都莫名兴奋，但又禁不住伤感。

进入灾区两天，我和我的同事们只能用我们的图片和文字告诉外界这里发生的一切。

同样，相应的职能部门应该在灾后安置好所有受灾群众，至少在他们肚子饿的时候，能放心地吃上一顿饱饭。

灾难之后，可怕的是"遗忘"

记者：张永生

2012 年 7 月 28 日，"7·21"特大自然灾害的第 7 天，从房山洪灾现场撤下休整后，因要给父亲送药，我回了趟河南老家，同学去接站，接风的地方刚好选在舞钢市石漫滩水库附近的农家乐。

听到"石漫滩水库"，我是心悸的，从小听父辈们叨唠过无数次：1975 年 8 月 8 日那场暴雨，板桥水库、石漫滩水库溃坝，全村人爬上镇里的最高建筑——粮库顶上才得以幸免。事后，官方公布的遇难者数量惊人。

我没经历过 1975 年那次洪水，但我刚从房山自然灾害的火线下来，"7·21"特大自然灾害，一夜之间，很多村镇满目疮痍，令人触目惊心。而对于 1975 年那次洪水，这样一场死亡上万人的灾难，生活在石漫滩水库周围的人，岂非要谈水色变？

事实证明，是我"多虑"了。接风的农家乐就建在石漫滩水库旁的地势低洼处，如果再遇上 1975 年那样的洪水，这个农家乐的院落，可能连一片瓦都不会留下。

我跟老板询问，房子

2012 年 7 月 25 日新闻报道

73

建在水库旁，怕不怕？

老板手指四周，"你看看这周围有多少农家乐，没见有人怕。"

顺着老板的手指望去，水库附近果然有不少建筑群落。

灾难过去了37年，似乎已被遗忘，这里好像什么都没有发生过。

这也让我想起"7·21"特大自然灾害中的"遗忘"。

7月24日，我在房山区大石窝镇一个受灾严重的村子采访，村民李三（化名）讲起他的惊魂逃生经历。洪水来前，他去同村村民家串门，回家路上遭遇洪水，躲避不及，他只好抱住路边的电线杆，随着急流漂在洪水中。洪水肆虐一夜，第二天他被发现时已接近昏迷，村民们发现他被洪水冲得只剩下上身的背心，下身已被洪水完全"扒光"。

"这都怨占河道的。"被救起后，李三气愤难平，在他看来，洪水之所以让他在全村人面前"走了光"，还差点丢了命，主要是因为水流太急，再究其根本，在于很多村民往排洪河道里建房种树倒垃圾，"譬如说，原来100米宽的河道，现在被挤得只剩20米，水流能不急吗？"可就在第二天，我们途经李三的村子，刚好见他将满满一车垃圾倒在排洪河道里。

在村民们看来，所有建在行洪区的房屋，不是谁忘了这是行洪区，而是被利益冲昏了头，"河道里建房子，这是负责批地者的责任，也是监管者的责任，他们都是不负责任，也有建房者的责任，拿自己的命不当回事。"

在采访中，很多受灾村镇的村民满心愤懑，有村子的砂石厂阻塞了排洪河道，村民们屡次找上面解决，但上面不是说忙，就是推说"忘了处理，再等等"，就这么一等再等，洪水无处可泄，只能洗劫村庄。

"怕的是遗忘，故意遗忘天灾背后的人祸。"村民们说，他们担心，每次都要付出血的代价。

黄岩岛笔记

记者：孔 璞

黄岩岛：一个浅蓝的海上湖泊

那是深蓝海水中的一片浅蓝，海浪冲击着外围的礁石，为浅蓝的内湖镶上了一圈白色的浪花。

苏承芬回忆说，以前出远海风险很高，村里能活过50岁的人都不多见，但他幸运地平安度过了出海的日子。但如今"条件好了，海上却不太平了"。对78岁的琼海潭门港渔民苏承芬来说，黄岩岛是他儿时的绮梦，少壮时的渔场和老来的牵挂。

70年前，8岁的苏承芬从出海归来的父亲口中得知，中沙群岛有个美丽而神奇的岛礁，岛礁中心是："浅蓝的海上湖泊"。这个岛礁就是黄岩岛。从此，亲眼见见这个"海上湖泊"成为他儿时最大的愿望之一。

当苏承芬第一次见到黄岩岛时，被它的美丽所震撼。50年前，28岁的苏承芬凭借着航海图的指引，自己摸索着找着了黄岩岛。那里"和父亲说得几乎一样，非常美丽"。从此，遇到西沙鱼少的时候，他会去水产丰富的黄岩岛打渔补贴。改革开放后，他更是每一两年就要去黄岩岛打渔一次。

如今，78岁的苏承芬在家养老，但他始终牵挂着在黄岩岛打渔的"年轻人"。他记得菲律宾军舰和中国渔船的多次冲突，

2012 年 4 月 28 日新闻报道

包括不久前中国渔民在黄岩岛被菲军舰强行检查的事情。

"有十多年没去黄岩岛了，去那里打渔不容易，希望今后多点平安。"2012年4月26日下午，苏承芬坐在家门口的树下，用生疏的普通话慢慢说道。

潭门镇：渐行渐远的远洋捕鱼

如今，在南沙群岛和中沙群岛捕鱼的远洋船只90%以上来自琼海市的潭门镇。

潭门是个传统的渔村，在航海图出现之前，当地渔民凭借"更路簿"航海。"更路簿"是渔民们对世代相传的手抄航海图的称呼，上面记载着通往南海途中的水流、风向和暗沙。据考证，"更路簿"形成于明末清初，而潭门港形成的年代则更早。

历史上，南沙是潭门渔民世代打渔的地方，但在建国后到1985年，当地渔民基本停止了去南沙打渔。1985年3月，国务院发出《关于放宽政策，加速发展水产业的指示》，并提出"组织有条件的渔船向外海发展远洋渔业"。从这一年起，潭门才逐渐恢复到南沙或黄岩岛打渔。

据潭门渔政部门介绍，如今潭门镇约有3.2万人，从事出海的渔民约五六千人。潭门镇共有远海捕鱼船只150多艘，有六成以上的船曾去过黄岩岛。

目前国家对到南沙和黄岩岛捕鱼的渔船有南沙渔用柴油补助经费。发放的目的是为了鼓励渔民到南沙海域生产，"开发南沙，渔业先行"。其分配方式主要是根据赴南沙海域作业渔船的出航情况、用油情况制定柴油补助经费分配方案，以航次为主要标准进行。

该专项补贴标准每年不尽相同，以2011年为例，凡去过南沙或黄岩岛的渔船，一次性补贴3.5万元，并在此基础上，按照渔船的马力进行82元/千瓦的计趟补贴。

这项补贴很大程度上保证了渔民的收入，但随着出海成本增加，及南沙捕鱼受外国军舰骚扰风险的加大，越来越多的潭门渔民不愿意做船主。许多人卖了船，跑去为船主打工，一个月赚三四千。

远海风险：用行动来"挺"黄岩岛主权

农业部南海区渔政局不完全统计，1989～2010年，周边国家在南沙海域袭击、抢劫、抓扣、枪杀我渔船渔民事件达380多宗，涉及渔船750多艘、渔民11300人。其中2524800多名渔民被抓扣判刑。

　　赵绪贤的渔船在这次黄岩岛受到骚扰后，不得不开往西沙继续捕鱼。几天后，渔政部门通知他，黄岩岛是中国的领土，尽管这次受到侵扰，但在这里捕鱼是中国渔民的合法权利。赵绪贤就让船回到黄岩岛海域捕鱼，他相信有政府海监船和渔政船的保护，他的渔船这次不会遭遇麻烦。

　　和他抱相同想法的渔民大有人在，2012 年 4 月 25 日，已经有 8 艘船回到黄岩岛海域捕鱼。渔船来回跑多花了数万油费，但赵绪贤认为这么做值得，因为这是渔民们用自己的行动证明黄岩岛是中国领土，在这里捕鱼合理合法。

　　另一位从黄岩岛归来的船主李成端也表示：只要政府"挺"渔民，他就愿意一直跑黄岩岛这条线，用行动来"挺"黄岩岛的主权。

　　"希望政府能多给我们撑腰，这一次渔船顾全大局，先撤走了。希望下一次，我们不用撤。"赵绪贤说。苏承芬的儿子叫苏德春，今年 40 岁，也跑南沙。说话间，苏德春从屋里走了出来，开着拖拉机把出海用的材料送到附近的渔船上去。

　　苏承芬站在门口，目送拖拉机远去。

大法官眼里的"经济问题"

记者：宋识径

全国人大代表齐奇头发花白，是个很谦和的人。一位不认识他的女记者在电梯里遇到他，看到胸牌上的名字"齐奇"，随口说道：您的名字好特别。齐奇笑道：是呀，奇奇怪怪的……

齐奇是浙江省高级人民法院院长，该法院二审维持吴英的死刑判决。

吴英案判决以后，曾经搞过民间借贷的企业家非常紧张，担心自己会像吴英一样，于是有的选择跑路，有的拿出更大的勇气——自杀。

不少著名企业家和人大代表都找齐奇"理论"过，"理论"的结果是"没有结果"，因为他们谈的不是一个问题：企业家谈的是经济问题，齐奇谈的是法律问题。

吴英案判决以后，舆论一直没闲着。有人甚至将吴英比作当年的"年广久"，并发出疑问：邓小平救了年广久，谁来救吴英？显然，对吴英案的讨论，已经超出了个案的范畴。

作为二审法院院长，齐奇在想什么？2012年全国两会，是接近这位二级大法官的最好机会。

从代表团入驻的第一天，我就试图联系齐奇。让他开口的难度，也早有准备。两次敲门，不在。我只好在他的门里塞了一张纸条：齐院长好，《新京报》记者请您谈谈集资诈骗和民间

2012年3月11日新闻报道

借贷的关系。同时，留了一张名片。

当天晚上，我接到电话："宋记者您好，我是齐奇院长的秘书，齐院长看到了您的留言，他今年正好提了一个建议，发给您作参考。"

齐奇的这份建议，全名是《关于尽快制定民间借贷相关法律法规的建议》。齐奇建议，让民间借贷浮出水面，使其阳光化、法制化。

一方面，法院判处吴英死刑，另一方面，院长建议民间借贷合法化。这是一种什么逻辑？

3月10日，代表团分组审议间隙，齐奇看到记者，向记者示意，"走，去外边谈。"没等记者开口，齐奇就开门见山了——"我知道你想谈吴英案"。

齐奇并没有回避，他说，很多人误解了，以为吴英就是一般的民间借贷，其实不是。

齐奇很耐心，详解了什么是民间借贷，什么是非法集资，什么是集资诈骗。他用了一组组数据向记者解释民间借贷的地下操作带来的问题。

他最担心的是，一些企业家担心自己会步吴英的后尘，忧虑他们的判决会让本来已经很脆弱的民间融资渠道再遭重创。"如果你能澄清这个问题，让企业家们知道他们和吴英不一样，真是好事一件。"齐奇对记者说。

他还向记者介绍了一些案件细节，这些细节之前未被媒体披露过。他对记者说，根据行业的职业道德，已经结案并上报上级院的案件，下级院不宜再作评论和解释，请记者一定理解、谅解。

将近一个小时的交流，齐奇关注的不仅仅是民间借贷案件该怎么处理，他把更多时间花在分析如何破解民间借贷难题上，分析在温州搞金融改革试点的可行性。一个法官，用自己的视角分析经济问题，在这个问题上，他与浙江代表团的其他代表可以"同频共振"。

在两天后审议两高工作报告时，齐奇把这些观点向全团作了介绍。

3月14日上午，十一届全国人大五次会议闭幕。在人民大会堂大厅里，齐奇见到我，快步走过来，握着我的手说，"你写的那篇报道效果很好"。

潜规则或显规则

记者：黄玉浩

生存还是死亡，这是个永恒的话题，正如潜规则和显规则，它们相生相克此消彼长却又如影随形。

公开透明、公平竞争与监管有序谓之显规则，暗度陈仓、结党营私结合权力寻租可谓潜规则。

究竟遵循显规则，还是趋利于潜规则，你有选择的自由，当然也要承担相应后果。

"潜规则"的能量

2012年4月9日新闻报道

中国农业银行江阴要塞支行行长孙峰在非法融资数亿元后，得以携父母子女从容潜逃国外，卷走巨额资金，这究竟如何发生的，此刻，制度显规则完败于投机牟利的潜规则。

沿着孙峰的成长轨迹搜寻，我们发现太多的潜规则为其所用，父母20年前地方企业家的显赫身份无疑为家资千万的他提供了一个无比优越的成长环境，让其总比太多的人更容易成功，中专学历很低、竞争太激烈、笔试面试太难，这都不要紧，时任江阴农行一把手的徐林仁是其父母的至交，不仅破格录取，还被收为老行长的得意门生。

徐林仁浸淫金融系统数十年，彼时已是江阴地界的银行泰斗，桃李遍布当地各大金融机构，一手组建了当地的行会组织农村金融学会，总部就设在江阴农行。

师傅领进门，修行在个人。但孙峰能在江阴金融界纵横捭阖、与企业家打为一片，无疑离不开他师傅的人脉和提携，太多的银行领导与孙峰一样都是徐林仁的弟子，作为孙峰顶头上司的江阴支行原行长唐国华更是给了小师弟太多的关照——不到 30 岁就任命为基层支行行长，3 年内担任 3 家重要支行行长，被系统内确定为优秀年轻后备干部，如果孙峰没有出逃，孙就任江阴农行副行长的几率几乎是 100%。

于是，在被称为"中国第一强县"的江阴、在曾集体荣获全国五一劳动奖章的江阴农行里，家境殷实、背景不俗的孙峰被认为是"最年轻、最有才华、最有前途"的基层行长，此时的孙峰正在频繁向各大企业热情推销他的所谓能保值升值的"理财产品"，遭到拒绝后，则是赤裸裸地"借钱"，坦诚相告是偷偷在做国家明令禁止的"过桥贷款"，可共享丰厚的高利贷息差。

一家纺织厂老板告诉记者，他也知道是违规行为，他也担心资金打了水漂，但他不敢得罪银行，也不敢得罪江阴农行的优秀年轻干部孙峰。他说，被银行盯上我们就死了，贷不到款或者催我们还贷，资金链就断了，生产就得停顿，我们对银行充满"敬畏"，更何况我们觉得这种类似于高利贷的"过桥贷款"是整个银行系统普遍存在的潜规则，几乎所有的信贷员都这么搞，帮贷款到期客户拆借资金，还旧款借新款，由贷款企业支付高额利息，"我认为很安全，应该没问题，更何况孙峰是银行行长，不信他我们也得信银行啊"。

"显规则"的光晕

记者走访当地的企业主和多名金融从业者，他们都坦言，在银根紧缩、资金稀缺的苏南地区，企业要想发展只能借助高利贷，因为银行从来都是帮富不帮贫，设置了重重的门槛，从抵押到担保，规则众多，作为中小企业主来说及时贷款几乎是奢望，当地银行职员利用自己掌握的市场上资金供需信息，进行"辗转腾挪"牵线搭桥的资金借贷则迎合了市场。

在孙峰当行长的两个乡镇，融资的企业家最多，而在连续多年被江阴市政府评为"金融安全镇"的华士镇则诞生了最大的融资受害者、与孙峰合作的高利贷公司以及作为"第一枚倒下骨牌"的借贷企业。这让主抓工业的华士镇副书记孙健无比尴尬，他说，这么多年的好名声，就被这么一粒老鼠屎给祸害了。他感叹，在银根紧缩中小企业融资难的今天，在金融市场中银行拥有绝对强势的垄断地位，一旦监管不力，产生孙峰的行为几乎是必然的。

而作为最大债主的华士镇龙砂村支书赵积娣，据称间接借给孙峰达9800万。当地群众反映，此笔款项有村集体的5000万，还有当地企业主、镇干部的数千万集资款。尽管孙健拿自己的党性和人格向记者保证"无任何一名镇党政领导参与融资"，但在苏南地区，官员参与民间借贷牟取高额利差似乎也是一个公开的秘密。

话题再次回到规则上来，银行对大额资金的不正常流动、对干部职员的监管、对当地民间借贷资金的监控都有完整的制度，那孙峰作为基层支行的一行之长，为何能用单位的办公电话持续向企业借钱、在办公室完成转账、使用包含他姨夫在内的3个账户，大量资金的转入和流出，甚至数亿资金流向国外，银行就没有察觉，我们的监控体系何在？

这些疑问，我们无从得知，因为银行和当地的政府三缄其口，面对记者的采访，江阴农行办公室主任回应，"我们基层银行没有权力接受采访"，那披露信息呢——等上级的通报！

规则中"游刃有余"

作为经济发达地区的江阴市，对干部监管不可谓不严格，比如副科级干部实行个人重大事项报批制度，出国的话，不论旅游还是公务，都要层层审批，最高至市委常委。银行内又是怎么样呢？我从农行系统内得到一份私事出国审批表，表上出国理由、时限、次数都有明确限制，需要一一注明，另需要部门负责人、上级分行人事领导和行长签字，方能出行。

孙峰不仅是一个人出国，还是全家老少6口，出国手续完备。而在这之前，他变卖家产转租房屋等等，一一处理后事，说明其蓄意已久计划详密，但这些就不留一点痕迹？难道我们的规则有漏洞？一位银行系统老员工称，系统内规则众多，似乎只能限制员工，对于孙峰这样的领导还是会随心所欲、来去自如，顶多给上级领导打个招呼而已——又是潜规则。

李怀亮案的另一面

记者：卢美慧

　　叶县湾李村是河南省一个静谧偏远的村庄，因为修路，抵达这个村庄的路并不平坦。过去12年，因为李怀亮涉嫌奸杀同村少女郭小蕊（化名）一案，郭李两家人，甚至整个湾李，都不曾有过真正的平静。

　　去河南的路上，我以为河南又出了一个赵作海，加上近期备受舆论关注的浙江叔侄错案，一路上和同事讨论着冤案频出的司法系统，恨恨不知所终。

　　但是接下来几日的采访，脑海中原有的念头被一点点消磨，离开河南时我想，这个案子并非简单的"冤案"，当司法系统试图用程序正义纠正历史错误，却又陷入另一重不公正的质疑。案子判决了，真凶却没有出现，苦等12年的受害人家属怎么办？

程序的胜利

　　2013年4月28日，我见到了受害人的父母郭松章、杜玉花夫妇，见面的地点在平顶山市政府附近的广场，他们重复着过去12年中的既定动作：上访。

　　但是这次上访与过去12年有一个很大的不同，声嘶力竭后的杜玉花说：我不相

七审三判　李怀亮被羁押12年

平顶山中院查明，侦查机关和公诉机关指控李怀亮犯故意杀人罪证据不足

羁押12年只见过弟弟3次面

"他要一点点学习'自由的日子'"

2013年4月28日新闻报道

信法律了。

天色将晚，平顶山市政府的领导出来一番安抚后，郭家一行20多人被乡里县里接访的人送回湾李。

我坐在郭松章、杜玉花身后，一路上是可怕的静默，配合着车窗外深重的夜色，想着这对不识字的农民已经走过的和将要走的路，心里十分难过。

到达湾李村，在采访郭松章、杜玉花之前，我和开车的人、乡里专门负责信访的一位干部聊这个案子，出乎意料的是，原本以为管信访的人会同杜玉花一家势同水火——过去十几年，为了维这一家的稳，平顶山市县乡三级政府都苦不堪言——而这名干部告诉我，他不恨杜玉花，乡里人也不恨杜玉花。

他描述，杜玉花和很多上访户不同，虽然不识字，但是她相对理性，"一直相信法律能给她个说法。"但是奔波了12年，杜玉花等到的却是李怀亮被无罪释放，这是她无法接受的结果。

我问这位干部，他怎么看这判决，沉默良久，他说了一句："这是程序的胜利，不是正义的胜利。"

舆论场的战争

郭松章、杜玉花夫妇起初对我的态度很冷漠，甚至有恨。聊得时间长了，才知道在我们之前，来过一些媒体同行，但是大都没有传递他们想传递的东西。

有家电视台的记者拎着水果到了家里，采访了两三个小时，夫妇俩觉得把肚子里的委屈都说出来了，但是最终的节目出来，被采用的素材仅仅是，两人对着镜头说，他们的女儿死了。

杜玉花至今也想不明白，为什么在去年死刑保证书曝光之后，"所有人都站到了杀人犯一边。"

湾李的村民们更能体会杜玉花的心情，他们介绍，女儿出事后，杜玉花几乎不怎么跟人说这件事，在河南农村，13岁的少女被奸杀，总被认为是不光彩的事。

一名老乡说，"她就是被这个心理给害了。"不懂面对和利用媒体的杜玉花在李怀亮被判无罪后才恍然知道自己一直忽略了另一个战场。

但是媒体却鲜有给她机会，与之强烈对比的是，住在县城姐姐家的李怀亮，连续经历了几天舆论轰炸，采访他并不容易，因为"来采访的媒体实在太多了。"

人们对"冤案"的兴趣远大于其他。

最大嫌疑人

几天后，我来到了叶县公安局采访。起初并不顺利，从上午一直等到下午5点，终于见到了当年参与办案的人。

之前几日的舆论轰炸，叶县公安局饱受指责，公众普遍认为李怀亮是被刑讯逼供、屈打成招的。

但是几天中，并没有人过来核实有关刑讯逼供的细节。当年的办案人员窝在公安局的椅子上自嘲：如今进过公安局的人说他被刑讯逼供，没有人会不相信。

办案人员等着有关部门给说法：4月25日庭审现场，法院安排李怀亮指认当年有谁对他刑讯逼供过，李怀亮一一否认。

他们希望，刑讯逼供与否，有关部门能给出权威调查结果。

该案的技术员称，这个案子有先天不足的成分。死者系被掐死，没有作案工具。尸体在8月份的河水里浸泡了40几个小时，打捞上来各项检测都无法完成。案发地为开放性现场，确认死者遇害前，现场已被破坏。

这名技术员参与了两次对死者的开棺验尸，大年初几背着遗体提取物到外地做检测，耳朵里都是杜玉花撕心裂肺的哭喊，12年，对他自己也是煎熬。

他在电视里看到李怀亮的律师说，为什么没有提取精斑、精液，为什么脚印对不上，他木在电视前说不出任何话。他说，腐败遗体检测在今天仍是难题，当年尸体腐败严重，现场亦被破坏，再加上当时技术条件达不到，那些证据自然难寻。

这名自小把刑侦工作当做梦想的技术员称，李怀亮案对自己打击太大，12年中，该做的努力都做了。最后他说，不知道正义是什么，他一脸痛苦。

痛苦的并不是他一个人，几乎接触到的每一个办案人员，谈到该案都分外沉重，他们问的问题也惊人的一致：正义到底是什么？

我问，案子判决了，真凶没有出现，你们还要重新侦查怎么办？他们答：李怀亮仍是此案最大的嫌疑人。

"法律不一样了"

5月8日，平顶山市检察院作出对李怀亮无罪判决不予抗诉的决定，同时申明"依据现有证据，不能完全排除李怀亮的重大作案嫌疑，此案与赵作海案有本质不同"。

之前几天，平顶山检察院的推拉铁门两侧，一面是提请检方抗诉的杜玉花一家，一面是内心无比同情杜玉花的检方工作人员。两方并不对峙，但也始终无法站到一起。

5月6日，平顶山燥热。知道杜玉花会来上访，有工作人员在门口专门准备了饮用水。上下班路过，总有不忍的人蹲到杜玉花身旁规劝几句。

但结局没有改变，经过层层请示，检方不予抗诉。

杜玉花躺在病床上得知了这个消息，离开河南前，我去看她，这个母亲脸上的泪没有间断地滑落。我不插话，她一个人哭着说这12年来经历的种种辛苦。

她说她相信了法律整整12年，同样的案件、同样的证据，为什么就有15年、死刑、死缓等不同的判决，最终，却把人给放了。

她说，每一个公家的人都私下里跟她说，凶手就是李怀亮，但是为什么最终却作出了"包庇"杀人凶手的决定。

她说起一位法官，这名法官多次参与该案审理，无比同情杜玉花。李怀亮无罪判决之后，这名法官给杜玉花的解释是"法律不一样了"。

回到北京之后，陆续接到了一些电话，内容大抵相同。公安局督办该案的一位人士说的话，我始终难以忘记：这个案子最后的结果，他并不乐观。因为法院是在用12年后的法律、证据标准、刑侦手段去判决这起12年前的案子。

他说他并不惧怕网友的责骂，因为如果当年的工作细致一些、缜密一些，一切或许都不会发生。他说他现在最不想面对的就是杜玉花，他不知道如何跟她解释，12年来，他一直希望通过公安机关的努力还给这个母亲公道。

"但是我知道结局不会好，因为杜玉花一个人所面对的，是整个中国司法体制改革的进程。"

"扮作开会的"是采访的一张名片

记者：褚朝新

在中国，容易引起办公室职员们偷偷议论的话题，大概有二：人事变化与熟人圈子里的男女情事。

天津滨海新区的行政体制改革，显然是属于前者。天津自 1994 年决定开发滨海新区，2006 年国务院又将其定为国家综合配套改革试验区。在新区的建设中，其下辖的塘沽、汉沽、大港 3 个行政区和 9 个功能区，常年存在相互抢夺项目、竞争无序、建设重复等问题。如今，成立一个新区政府、撤销 3 个行政区的行政改革将最终成型。撤销 3 个相当于地级市的行政区域，成立一个新的行政区，而具体的人事安排至今秘而未宣，自然是容易引起当地各色人等兴趣的话题。

因为话题敏感，一听说我是记者，宣传口子的官员无不躲避或拒绝。

尽管我有身份证和记者证，天津的机关大门我一个都没能进去。门口警卫的眼睛，如同扫描仪，一下子就能判断出我不属于那个大院或者大楼。

2009 年 11 月 12 日，天津下起今年入冬以来的第

天津滨海新区官员精简猜想

撤销三个区人事精简涉及近千名副处以上干部，有官员称会成立派出机构保留原班人马

2009 年 11 月 16 日新闻报道

二场雪。塘沽区新港街道新港二号路上，行人稀少。路边一栋29层大楼的内部装修已基本完成，这是滨海新区区政府所在地。我极力让自己看起来不像个记者，端上自己的玻璃杯，泡上一杯茶，将采访本夹在腋下，挺起我"早熟的肚子"，极力扮成一个到政府开会的小官员。这一招，居然有用，后面几天我顺利地进出滨海新区管委会和塘沽区政府的机关大楼，无人阻拦。

后来多家也想去采访的同行问我，是不是有内线之类的帮助，我才采访到稿子里写的那些内容。我毫无可以炫耀的经验和秘诀，只能很无奈地告诉他们：混进去，扫楼。

这些不相熟的同行，挂完电话一定会以为我是怕他们的报道超过我而不愿意帮助他们。地方官员对于未定人事的敏感与谨慎，显然超出了一些同行的想象。

机关大楼里，大小官员一旦遇到记者，几乎98%的人都不得不压抑自己高涨的兴趣。哪怕在我进入他办公室的前一秒，他正与同僚就此话题聊得热火朝天。一看到我出示的记者证，他就立马装作公务繁忙的样子，投入到工作中去了。

他们拒绝我的说辞几乎一模一样：我们知道的信息，都是看报纸看来的，未必有你们记者知道的多。

一层楼一层楼地扫，终于还是有好奇心压制住了纪律性的官员。有官员愿意跟我正面聊几句，我很激动，不敢拿笔记，怕一动笔就吓着对方。但不记录显然不行，刚拿起笔，对方就停下了，"就别记了吧，随便聊聊"。

离开那间办公室已经四五分钟了，那位官员还是找到了我，恳求我不要写他的名字，说这个事情太敏感，刚才说的只是他个人的一些看法。如果写他的名字，他会压力很大。

很理解，我很爽快地答应了他。录音，只是作为我存档的一个资料，或者以防万一。写稿时，对凡是看了我证件还愿意跟我聊又提出匿名的，我一一答应。作为一个记者，我不得不保护这些曾经帮助过我的人。

扫楼的过程中，我还混进当地政府的一间会议室。不知道开的什么会，但我还是端着茶杯、夹着笔记本坐了进去。愿意直接面对的人太少，我不得不对任何一个有人说话的场合，都给予足够的重视和关注。

或许，谈判双方都以为这个端着茶杯、夹着笔记本的年轻人是对方的人，没人赶我出去。我埋头记录，好让他们以为我是对方带来做会议记录的小职员。

这个会，是一个融资40亿的洽谈会。显然，区政府要撤销的消息，让来谈判的金融界人士有些惴惴不安，他们终于问到政府撤销的问题。比如融资贷款的债务关系，以后如何与新政府对接。点滴的信息，对于我来说都异常重要。

这个采访，并非多么了不得的采访，但已经难到了如此地步。大家可想而知，我与我的同行们，平日里为了找寻一个真相，是多么不易。而这些不易，更多的时候，我们无法告诉读者。

一所大学里的"荣华富贵"

记者：褚朝新

2010年8月30日，武汉华中科技大学研究生院在官网上公开发布声明，要求307名未能按期完成学业的研究生退学。

看到这则新闻后，我并不清楚其中的玄机，但凭经验，强烈感觉里面有文章可做。

出发时，是2010年9月8日，这一事件的报道已很多，部门主编一度担心很难再有更好的角度和挖掘的空间。我当时也没太多把握，甚至动摇过，准备放弃这个选题。

反复查阅已有的信息，终于在9月7日新华社湖北分社记者廖君的报道里找到些许信心。

2010年9月21日新闻报道

廖君的文章里，给出了这样一个信息：此次拟清退的307名硕士生、博士生，都是超过最长学习年限仍未完成学业的。拟清退的博士生中有自筹、非定向、定向、委托培养等多类学生，其中定向和委培的占73%。拟清退的硕士生中50%是定向、委托培养学生。

我的第一反应是，校方公布这样一组数据，显然是有用意的。这些人一定有特殊的身份和背景，不然不值得特别强调他们的比例。

到武汉后的第一个电话，

我打给了华中科技大学一位教授，重点请教定向和委培的学生是些什么人？他告诉我有两大类：第一类是高校老师，最主要的是第二类——政府官员和企业老板。这个电话，让我坚定了有继续报道的价值和空间。

报道里，我提到了荆州市政法委书记张其宽，他是我发现的第一个官员。清退名单里，他列在奥运冠军杨威之前。看到这个名字的那一瞬间，我很好奇，张其宽是谁呢，与杨威排在一起？将"张其宽"三个字输入百度，答案出现：张其宽，荆州市委常委、政法委书记、公安局长。此张其宽，是不是名单中的张其宽呢？我很快通过朋友找到了张其宽的手机号码并电话了他。电话里他向我证实名单中的张其宽就是他本人，并强调自己太忙，是主动放弃继续读博士的，与学校无关。

就是用这个笨办法，我挑选了几个不易同名的名字，比如何慕彦、陈华奋，很快发现他们分别是原武钢实业公司宣传部部长和武汉东湖新技术开发区经济发展局局长。通过朋友，我相继获得两人的电话，并一一通话证实，名单中提到的就是他们。

其实我用这个办法，还查了多个看起来不太容易重名的名字。随后的采访中，华中科技大学多个教授和学院负责人也证实，不少官员和企业高管在该校曾经读过或者正在读硕士和博士。

证实了大量官员涌入学校后，第二步就是要弄清楚他们是通过什么渠道进入高校的。

采访中，得到了多位华中科技大学教授的帮助，他们身在其中，清楚政策也清楚潜规则。教授们的帮助让我逐渐清晰了单考制度逐渐变味，被部分官员借用谋取文凭的现实。而博士招生，校方的自主权更大，也更混乱。

利益交换背后的教育腐败，让一些高校教授不能容忍，良知让他们站出来告诉我他们所知道的事实和真相。其中一位教授表达自己的痛心之后也提醒我，在全国高校普遍存在这些问题时，只有华中科技大学敢于站出来公布这些人的名单并表示要清退，这是值得肯定的，这是向权贵、富人、明星说不。

我一直是一个不太重视细节的人。但这一次，很自得发现了一个细节——华中科技大学管理学院四楼大厅里，一个精美的屏风上，牡丹怒放。花上绣着四个鲜红的字：荣华富贵。

在堂堂的高等学府里，看到"荣华富贵"这四个字被摆在显著位置，真是让人百感交集。

"我是住在深圳的香港人"

记者：韩　萌

　　2001 年，香港终审法院根据香港《基本法》第 24 条确立，父母双方皆无香港居留权的中国内地居民，在香港所生子女可以享有香港永久性居民身份。2003 年，港澳个人游自由行实施，大量无香港居留权的内地孕妇到香港产子。10 年过去，当初在香港出生的这批孩子渐渐长大，身份的不同，会带给他们不一样的生活经历吗？

　　6 月底，去香港拍摄这组题材的照片，过关时我习惯性地把摄影双肩包挎在胸前，香港边检的工作人员问我："你怀孕了吗？"2013 年，由于实行了双非孕妇来港产子的"零配额政策"，香港边检开始严查孕妇入境，由上可见一斑。

到底在哪里上学？

　　我采访中接触到的一部分跨境读书的学童，在香港就读，其实并非他们家庭的第一选择。嘉欣今年五年级，家里曾经为她上学问题开过家庭会议。因为属于"双非儿童"，如果在深圳读书，算是借读；去香港读书，可选的学校在香港郊区，但嘉欣妈妈听说，香港好的学校是在市区。而且来回校车（保姆车）的费用也是相当昂贵，2012 年 9 月，涨价一次后，费用就更"不便宜"了。再加上孩子舟车辛苦，想过把孩子留在深圳读书。

2013 年 7 月 14 日新闻报道

在权衡之后，还是选择了香港。主要是考虑到孩子将来要出国读书，香港有很好的英文教育，以后，不会有语言这方面的障碍。

但很多香港本地人，并不觉得香港的教育是最好的。David 刚刚在悉尼读商科，从高中开始就在澳洲读书，直到研究生毕业。"因为我爸对香港的教育非常失望，才选择了国外读书。"David 的父亲认为，香港的教学也是填鸭式的教育，和内地一样。内地的家长想着把孩子送去香港，但香港的家长目标，却是把孩子送到国外读书。

到底是哪里人？

我走进的第一家香港的幼稚园，是上水培幼幼稚园，这是香港的郊区，大部分的跨境学童集中在这附近：上水、粉岭、大埔、天水围等。

相比我在北京采访过的市区幼儿园的硬件设施，香港的这家幼儿园简单得像一家北京大型的社区幼儿园：没有能装百人的多媒体教室，没有连成一排的卫生间的小便池，没有可以睡觉的床铺、没有舞蹈教室、形体教室等。

幼稚园高班毕业典礼的演出排练，是在用塑料布搭起的简易棚子里完成的。一间公共的钢琴教室、操场上一个公共的游乐玩具、十几辆公共小自行车，供整个幼儿园的小朋友一起用。"香港太小了，不能和北京比，这里的任何资源都是有限的。你看，我们的便池是小一号的。"一个老师说。

教室的墙上，贴满了英文的、中文的和繁体字的各种诗歌、故事、孩子们的作品。凌乱，但目不暇接。高班的教室的角落里，20 把塑料椅一个套一个地摞在一起。旁边是些翻旧的、起边的童话书。每一个看完书的孩子，排队把刚刚坐过的塑料板凳，再放回原处。看不到孩子之间吵架。"我们会教孩子一些规矩，水瓶倒了，不管是不是你碰倒的，要扶起来。要学会解决生活中的实际问题。不要吵架，要守规矩。"

陶校长做了 10 年的校长，她说，她有意识地淡化深圳孩子和香港孩子之间的区别。

这所幼稚园有 8 成的跨境学童。有个小女孩告诉我说，"我是住在深圳的香港人。"孩子还小，没有身份意识，也许是家长给的。

在上水惠州公立学校里，我随便和几个二年级的学生聊天。

"你们喜欢深圳还是香港？"

"我喜欢深圳，家里有小朋友和我玩。"

"喜欢深圳，深圳有个很好玩的游乐园。"

"香港有迪斯尼啊。"我说。

"我还没去过，我还是喜欢深圳的那家游乐园。"

"我喜欢香港的，香港有好吃的茶点。"

孩子们还小，对于自己到底是哪里人，并没有太深的概念。哪里有伙伴，哪里有玩具，哪里有冰淇淋吃，就喜欢哪里。

未知的明天

这代跨境学童，生于 2003 年后，止于 2013 年。10 年后，他们将各奔东西，离开往返深港之间的校车。

香港和深圳相邻，但是有着截然不同的文化特点。

童年时，在深圳的家里，他们是香港人；在香港的学校里，他们是"住在深圳的"。香港的中小学仅仅是香港文化一小部分，他们又难以接触到香港文化的精髓。这段经历会改变他们的人生吗？与普通的深圳小孩相比，他们会有不一样的明天吗？这些都是未知数。

或许岁月的痕迹将来会让他们感同身受：黄色校车；穿着马甲的校车保姆；和伙伴们手牵手过关；那道深港之间长长的过关通道；粤语、中文和英语换着说；繁体字和简体字的区别，这些成了跨境学童的共同记忆，他们可以通过这些记忆，找到归属感。

新京报十周年丛书

第三辑：修炼篇

真正高超的技巧，其实就是没有技巧。老子不是说了吗，道可道，非常道。读完这一辑里的文章，你就会深刻明白，所有的突破技巧，其实都是你内心的价值观。一个不以追寻真相为信仰的记者，一个不以捍卫公平正义为己任的记者，一个不以推动社会美好进步为担当的记者，纵然拥有突破的三十六计，最终也只会作茧自缚，困死自己。

老天爱笨小孩

记者：刘 玮

超女就在那个拐弯路口

关于"突破"，我想先讲一个故事。

2005年的那个夏天，李宇春、张靓颖、周笔畅那一年的"超级女声"如火如荼，我在决赛前期，被报社派到成都去采访当时夺冠大热门李宇春和张靓颖的生活。

在此之前，媒体主攻方向都在长沙，当时超女决赛迫在眉睫，几乎所有的记者都在长沙等待采访几位女孩的机会，而对于她们成名前的报道很少，即便是成都当地报纸，也只有少数关于李宇春报名超女之前的报道。

我在到达成都之前，手头线索是零。

到了成都之后，联系上当地媒体，他们告诉了我李宇春父亲的工作单位，我拎着两盒茶叶就直接去找了李爸爸，很幸运，李爸爸不仅把我带到家中接受采访，还满足了我们索要李宇春儿时照片等诸多要求。

对于张靓颖，则一筹莫展，成都媒体也只知道张靓颖家住在外化城（相当于"中关村"这种大地标概念），而她的家庭关系复杂，爸爸去世，母亲工作不详。

在成都待了一周，无法打探到更多关于张靓颖的消息，谈起"突破"，更像是面临"巧妇难为无米之炊"的困境。一天，成都街头，我随手打了辆出租车，司机问去哪儿，我说"外化城"，司机问，"外化城"大了，你去哪儿？我说，随便，到了"外化城"您就看着停吧。司机将我放在一个小巷口，我下车就见对面有个小区，径直走入那个小区，迎面过来一个阿姨，在她身后，夕阳垂落，彩霞满天。我问她，您知道张靓颖吗？她说，知道啊！我又问，那您知道她家住哪吗？阿姨抬手往小区里一指，说，她三姑正在里面打麻将呢。

是的，8年后，我仍能准确记住这个场景，因为，那个阿姨指的方向，有一道光。

就是这样，我找到了张靓颖的三姑，顺利完成了还原张靓颖成名前生活的采访。

这个故事，是真的吗？

突破，那个转弯的路口究竟如何才能出现？

你猜。

破解"少年作家自杀"之谜

这个报道的新闻源自《法制晚报》，该报报道了一位名为"蔡小飞"的18岁"少年作家"在天津跳楼自杀身亡。该报道引用了网络上的"蔡小飞"简历，其中称蔡"1987年12月生于上海……1999年凭借《是谁出卖了文学市场》红遍上海文学圈。代表作品有《记得》《留给明天》等"。报道称，自杀前"蔡小飞"在天津参加了高考，高考作文《留给明天》获得了满分，作文批判了当前的教育应试体制。

《法制晚报》这篇报道出来之后，第一时间，我并没有怀疑它的真假，当时想的只是如何能找到和蔡小飞有关的同学、老师，进一步跟进这个"少年作家自杀"背后的故事。

关于这则报道，《法制晚报》并没有提供更多的线索，只是说从网络上得知此事。蔡小飞在当时有一个专门的纪念网站，上面有一些关于他的文章等等，而这个网站的管理者留名"张朋"，称自己是蔡小飞的好友，在蔡小飞自杀前曾经陪伴过他。在去天津之前，我用张朋留在网站上的QQ号和他联系，告诉他自己是新京报的记者，准备去天津报道蔡小飞一事，希望能与他见面。但我发了多条短信，一直未见张朋回复。

对这件事情产生疑问的开始，是我在出发天津之前，问了几家天津当地媒体，他们对于蔡小飞自杀一事都没有听说，也没有任何跟进，而全国仅仅《法制晚报》一家平面媒体报道了自杀事件，这是一件很蹊跷的事情。

抱着怀疑，我到了天津，首先想到能打探消息的就是酒店，因为报道中提到蔡小飞自杀的地方是一家酒店的13层，但是我以住客的身份走访了几家天津的大酒店，酒店均表示没有听说过此事。

酒店之后，我去了公安局。天津市公安局新闻处负责处理刑事等相关的部门均表示，报道中提到的自杀当晚并没有13层宾馆跳楼自杀的事件记录。

我又来到了天津市教育委员会，同样被告知，没有学生自杀记录。

随后，天津高招办考试院也给了我明确的答复，那一年天津的高考考生中就没有一个叫蔡小飞的。我以寻找失散多年表弟的理由，到天津人口信息咨询中心，天津户籍管理部门的户籍登记里也根本查不到"蔡小飞"的名字。

所有的这些外部采访可以证明，《法制晚报》报道的蔡小飞自杀一事，是一则假新闻。而我的"内线"——也同时对我的这一判断给与了印证，我拜托跟我相识多年的海岩老师帮我去打探下蔡小飞酒店跳楼一事，"金牌编剧"海岩老师曾经在北京市公安局工作过，身为昆仑饭店董事长的他又是中国旅游饭店协会会长、中国国家酒店星级评定委员会副主任，我相信如果有天津酒店13层发生过跳楼事件，海岩老师一定可以帮我问到。结果，海岩老师告诉我，没有这件事。

至此，对此事的报道，也从最初的希望了解到"少年作家自杀"始末，突变为"蔡小飞自杀"是一则假新闻。

就在我给报社发回"蔡小飞自杀疑点多多"一稿之后，我突然想到了张朋，如果蔡小飞自杀是假，那么纪念他去世的网站又是怎么回事？这个自称蔡小飞朋友的张朋又是谁呢？想获得真相，突破口在哪里？

当时我想了各种办法希望能找出蔡小飞本人的线索，甚至放大了蔡小飞纪念网站上他的"照片"，希望能从他穿的服装品牌、随身听牌子、背景大海究竟是哪个海等方面入手，但最终发现都是大海捞针。

之前我以《新京报》记者身份发去的多条QQ短信一直没有得到张朋同意见面的回复，我改变思路，以出版社编辑愿意给蔡小飞的文章出书为由，再次在QQ上给他留言，这一次，张朋回复了我，并约好第二天在天津一处麦当劳见面。在和张朋的谈话过程中，我觉得他很可疑，一方面他强烈想出书并希望提前预支部分稿费，另一方面他对于使用"蔡小飞"文章的版权斩钉截铁地表示毫无问题，而对于蔡小飞究竟自杀没有、现在身在何处等实质性问题则闪烁其词。

见面之后，我怀疑张朋就是蔡小飞本人。回到北京之后，已经有多家媒体跟进报道了蔡小飞自杀是一则假新闻。但是，我依旧没有满足，如果张朋就是蔡小飞，他制造出一个自杀的少年作家，以"蔡小飞"的笔名希望出书、出名，这是不是一个偏离了轨道的"文艺少年"的一次恶作剧？

随后，拿着同事当天在麦当劳拍到的照片，我再次来到天津，一家家中学询问，当我问到第13家中学的时候，有老师一眼认出了照片上的张朋。由老师等消息源得出，张朋就是蔡小飞。我再度深入到张朋的老师、朋友中采访，勾勒出一个时代下迷茫彷徨的少年。此后，央视新闻频道《社会纪录》也对此新闻做了专门报道，我作为唯一见过"蔡小飞"本人的记者，被邀请上节目讲述了自己的采访经历。

至此，"少年作家蔡小飞自杀"一事，尘埃落地。

全宇宙独家专访高晓松

高晓松醉驾，从新闻角度，无疑是大话题。这是新交通法关于酒驾修改条例 8 天后，被抓到的第一个公众人物。随后，让我越发对这个题目感兴趣的是高晓松被抓之后的一系列表现，先是从拘留室出来对媒体连说的 12 个"对不起"，在庭审的时候屡次打断律师辩护时说的"我认罪"。

高晓松 2012 年 11 月 8 日结束看守所生涯，全城媒体出动，四处追击。当时给高晓松发第一个求采访的短信，根本没想过能不能约上，只是想着，他出来了，总要表达一下我们的关注和关心。

果然，高晓松出狱当日我给他发去的求采访短信一直没有得到回复。我隔几天就发个短信给他，一直没有得到过回复。

11 月底，高晓松生日那天，我恰巧给他发了个短信，如果没记错的话，那是他第一次回复我，大意是说，他近期还不太想接受采访，希望我能给他一段时间让他自己先静一静。这条回复也让我觉得有了希望，因此继续保持着几天一个短信的频率。但事情到此也就僵持住了，再无进展。

没两天，12 月初，我看到了高晓松接受柴静《看见》采访的消息，随即又给他发了短信。在依旧没有得到高晓松回复的情况下，我意识到，应该想一些其他办法。高晓松曾经说过，冯唐和老狼是他两个最好的朋友，我认识冯唐，于是先去问了他，能不能帮我约高晓松的采访，结果，冯唐告诉我，他已经帮柴静跟高晓松约了采访。只剩下老狼可以求，但我又不认识老狼。上网查老狼的信息，查到 12 月 6 日，他生日那天将会在广州有一场演出，刚好那是个周末，于是，我没跟报社说，自己悄悄地到了广州。

老狼的演出在星海音乐厅，他唱得很 HIGH，而我只想怎么能跟他说上话。好在知道了他们演出后庆功酒的地点，那天，酒喝到凌晨 3 点，老狼喝多了，我趁机问他，能不能帮我跟高晓松说说采访的事。老狼当时拍着胸脯说，没问题，拿出手机就要给高晓松打电话。我看时间太晚了，跟老狼说明天再打吧。谁能想到，这个"明天"就没有等来。

第二天，大家各回北京，此后几天一直没有老狼的消息，我忍不住问老狼，"狼哥，你帮我跟高晓松说了吗？"老狼说，他酒醒之后就后悔了。按他的说法，他从来没有开口求过高晓松什么事，酒醒了就怎么也开不了这个口了，但他又答应了我，所以他也正在家中惆怅着呢。我只好又发短信给高晓松，"你看就因为你，让狼哥多为难……"

在约高晓松采访期间，其实他有几次回复我，口径都差不多，就是再等等，再等等，再等等……我觉得，就算是他在敷衍我，有回复就说明有希望，但我能用到的办法也就是不断地发短信。12月中旬，高晓松松口了，他没有直接同意采访，只是说，不想再谈那些老话题了，如果采访，他希望能聊一些"触及心灵"的题目，比如，"在看不见月光的地方如何描绘月光"。

我按照高晓松对提问的期望，找来他写的每一首歌，写好了一份"文艺问答"提纲，大体都是关于"月光""自由""发呆""希望""生命"之类的"心灵问题"。我再度发短信给高晓松，告诉他自己已经准备好了。

这一次，高晓松爽快地回复我了采访时间和地点。

12月底的一天，下午，我来到高晓松办公室，采访做了多久我记不清了，只记得从午后聊到天黑，我连坐在对面的他的长相都已经快看不清了，昏暗的冬日傍晚，只见他一根根点燃香烟的亮光。

采访很顺利。事后，我问高晓松，为什么同意接受我的采访了？高晓松说，他出来第一天，全国几乎有名字的媒体都在给他发短信约采访，一周后剩了一半，一个月后又少了一半，最后只有我还在"想着他"，他甚至觉得"有点感动"。感谢CCTV，最后毙掉了柴静的节目，也使得我报对高晓松的采访成为全国独家。

面对深度、时政、社会等领域的同行们，我时常感到惭愧，他们是在用生命采访。而作为文娱新闻，一直以来都被看做是新闻报道的"后花园"，但我始终相信，恰恰娱乐圈是最大的名利场，其他领域中的那些经营、残酷、势力、阴暗和光明、正义、善良、美好，这里一样都不会少。

如果非要总结出一些报道中"突破"的心得，那就是，你永远也无法预测出一次艰难采访的转折点会出现在哪里，因此，柳暗花明的那一刻才如此美好。对于我来说，这就像从"巧妇难为无米之炊"到"夜路走多总会遇到鬼"，其中转化的奇妙一样，把能想到、做到的线索都努力了，那个转角，自然就出现了。（高晓松专访见《风华：人物卷》一书。）

一定要完成“不可能的任务”

记者：徐春柳

虽然离开《新京报》已经两年了，我还记得当时吸引我进报社的招聘广告：锡安，黑客们的家园，梦想者脚下的大地；《新京报》，接纳有理想的新闻人。

正是这样一群有理想的新闻人造就了一个又一个报道传奇。我印象深的就有摄影记者陈杰混在矿工里面，到矿井下面去拍矿难；耿小勇像《射雕英雄传》中的哲别一样，躲在内蒙古的草堆里面，等着第二天的“神五”落地。而我在《新京报》的五年多，也完成了很多“Mission Impossible（不可能完成的任务）”。

再烂的现场都要去

当年《新京报》那些主编、副主编，现在早已是互联网界的这个总那个总，仍混在报界的已经不多了，现任《南方都市报》深圳站站长的陈文定算是一个。当年他是我们社会新闻报道部的副主编，他给我们讲的一个故事，我至今不能忘记。

陈文定当记者的时候，有一次接到一个爆料，说是一个民工让汽车给撞了。他当时是小记者，没什么像样的好线索，于是他就去现场了。

可是他到现场一看，什么都没有了。人也走了，车也走了，只有一些目击者告诉他，民工拍拍屁股爬起来，没受伤。怎么样才能把这个稿子发出来呢？要知道这是一个多烂的稿子啊，每天发生那么多事，如何说服编辑发这样一条稿呢？

由于我国新闻界现行的按发稿量计酬的计件制度，记者来一趟现场如果不发稿，就是白跑。所以他很努力地发掘着现场。终于，他发现了地上有一摊黄水。一问之下，原来是那个民工被汽车撞时吓出来的尿——你懂的，那天的报纸上就多了一个边栏。

陈文定当时讲这个故事是为了告诉我们，再烂的现场都要去，都会有可以挖掘的地方。记者除了自己的一双腿，没有别的东西。

所以我干这么多年记者，唯一的经验就是现场、现场、到现场，接近、接近、再接近。这个经验也给了我很多回报，无论是个人体验还是报道成就上的。

李敖游园我划船

李敖是我少年时的偶像之一，另外一个偶像是金庸。很荣幸，我在《新京报》的时候，两个人都采访过了。李敖来北京是 2005 年的神州文化之旅，完全没有安排面对其他媒体的采访活动，除了凤凰卫视和央视。

各家媒体争相采访，可是除了在现场堵到只言片语，并没有完整的对话。已经到最后一天，没有公开的活动了，李敖要跟他在北京的姐姐们一起去颐和园游园。那是一个家庭活动，不对外公开。

我在得到消息后，早早就来到了颐和园昆明湖，跟船上的船工交朋友。运气很好，船工并不知道这个活动是不让记者采访的。我很容易就混在船上，并把相机藏起了。

凤凰卫视老总刘长乐请的两个穿着黑西装戴着大墨镜的特勤，把船上仔细搜了一遍。看着我的民工样，又和船工聊得那么火热，他们就丝毫没有怀疑我不是船工，问都没有问一句。其实我只是在跟船工聊着我家乡的篙子撑船和摇橹的差别。所以知识量丰富、脸皮厚，是当记者很需要的素质，不管跟哪个行业的人，都要有话题聊，这样才能打破心防，没有交流障碍。

刘长乐和李敖很快就上了船。我按捺住心中的激动，帮着摇橹的船工打下手。一直忍到湖中间才把相机拿了出来。李大师很兴奋地聊着当年的昆明湖，说着王国维溺亡的旧典。

我给他拍照，有人要拦，却得到了李大师的许可。这时候没有人会把我扔下湖的，我也就成了船上的御用摄影师。刘长乐加肥加大版的苦瓜脸我到现在还记得，他一定在想，这个人怎么会在船上？

虽然采访李敖也不是很长时间的专访，我也不忍打断他享受天伦之乐，但是毕竟了却了自己的一个心愿，也为报社抢到了一个独家新闻。

连战爬墙我爬山

"连爷爷，您又回来了！"这是我采访时看到西安后宰门小学的小学生，声情并茂迎接连战的情景。"连爷爷"到大陆，2006 年初春这是第 3 次了。

他老人家身体不错，香山、雍和宫、昆明湖、听鹂馆、长城，一路玩来，好不自在。连夫人方瑀一路作伴，儿子女儿身边侍奉，挈妇将雏，衣锦还乡。

话说连爷爷一路玩，我们这些"狗仔"也要一路跟。那天下午，他改计划提前去雍和宫，我们得到消息，立马提前两个钟头杀到。后来又听说他不去了，我们白花了25元门票。

长城他是9：00去的，那天正是扬沙天，大家口耳相传："连战去香山，香山着火；去长城，长城飘沙。"我们6：00就起床，还是不幸赶上周一的大堵车，虽然赶在了交通限制之前到了八达岭，但连战是走近道到达，并把我们封在山下。我只得拿出"两岸论坛"的记者证（这证其实是无法用在长城的）给警察看，幸而被放行。

我们的证件骗过了警察，却无法骗过警卫。眼见着连战已经上了长城，我们在城下死活上不去。看到我们的摄影记者还在跟警卫拉扯，我二话不说，跑到一处围栏，翻身上栏，开始爬山。

爬山是我的强项，特别是没路的山，有征服之感。所以八达岭的坡度虽高，却不是问题。但当天本来天就下土，灰尘很大，初春那些枯树上满是尘土。我披荆斩棘，弄得烟尘滚滚，呛得不行，手也给刺破了，外套脏得像要饭似的。

龙腾虎跃，我到了长城下，脱下外套藏到包里。运气不错，没被看到。一看没人注意，钻上一个台阶，爬上一个垛口，跃上了长城。连爷爷正在背后，扒着块城砖，发着感慨，我就上去给他一通猛拍。夫人连方瑀穿着与连战同色的衣服，看着有点像情侣装。她还是穿着高跟鞋，真行啊，那段长城，坡度可不小。

后来想想，长城也被偷偷越过了，我若生在汉时匈奴、唐时突厥、明时女真，一定是要当个前哨，打探军情，刺杀大将。

布什的手儿毛绒绒

其实记者不光要体力，运气也很重要。美国前总统小布什2005年来访那次，我就没想到能混进戒备森严的北京西四缸瓦市教堂。

本来闹钟定的是6：00，我5：00就醒了，只睡了3个小时，心想还是早点儿去吧。吃了点粥，拿了相机就往缸瓦市教堂赶，小布什同志要在这儿做礼拜。

一路上看到警车呼呼往那儿赶，果然是一级警备。到了教堂门口，一堆教民在排队进场，我也排了队进去。可后面一个老头太可恶，直喊叫"他手里没《圣经》"。我肚里暗骂："老子有没有《圣经》,关你鸟事。"

我赶紧换了个队,用有限的基督教知识与队友交流,赶紧混熟。顺利进场,经过安保,说不让带相机,我到处找放包的地儿,跑到美国人的指挥中心,想把包放那儿。老美直说"NO",我忽悠他:我的,记者,你的明白,放一会儿就好。我还给老美看我的记者证,眼看就要混过关。

那边突然来了一个"汉奸",用英文说"You must leave! 不让中国记者进。"我只好出了门,冒险随便找一个馆子,把包扔那儿,跟服务员说一会儿来拿。价值20000多元的设备就这么扔一馆子里,我真有胆色。

回头排到队末,进了教堂,坐到中间。好久没有和这么多人一起唱歌了。上了初中,就很少有音乐课,哪像北京的小孩这么幸福。我旁边坐一小孩,12岁,10岁受洗,他妈妈是这个教堂的工作人员,我跟小孩聊得火热。

7:30,小布什来了,真准时。他穿得很气派,风度翩翩。他夫人一身米色套装,两个耳环闪闪发光,挺有气质。

进门,小布什就亮嗓子大叫一声:"Morning everyone." 真是美国政客范儿啊,老百姓纷纷买账,欢呼回应。当时的美国国务卿赖斯也来了,比电视上看上去要漂亮。

接下来是入座唱歌。我还真有天赋,没学过宗教曲调的唱法,就是会唱些《欢乐颂》之类的老调,再加上我声音浑厚洪亮,感情充沛,表情虔诚,旁边的老信徒很是仰慕,连问"这位兄弟信教几年了"。而边上的小孩真调皮,一直在玩着我的 Palm 掌上电脑,也没好好唱歌。正好我就拿他的《圣经》做个样子。小布什唱歌时挺投入的。

小布什退场的时候,与两边的教友一一握手。老百姓不停鼓掌、欢呼。这种场面我也见得多了,在连战来的时候,在李敖来的时候,都是这样。中国人太缺乏政治生活,表达欲望被深深压抑了,所以看到政治人物来访,会感到这么新鲜、激动。

我坐在中间,不方便往前挤,就一把推着身边的小孩,让他上前去跟小布什挥手致敬。看到小孩子,小布什很高兴,也迎上来,拉住小孩,口中还是很官方的"Thank you",虽然一脸诚恳。

"他那个手,毛绒绒的。"小孩兴奋地朝我大叫。

我倒没羡慕嫉妒恨,心里想的是:拉登啊,我要高薪(此处省略若干字)。

总理的手儿软绵绵

2008 年"两会"，我的主编王悦给了我一个最不靠谱的任务，就是把一封《新京报》与人民网合编的《网民给总理的信》塞到温家宝手里。信的内容是"两会"期间，《新京报》与人民网强国论坛共征集到约 2.1 万条帖子、短信，精选其中约 200 条，结集制作为 63 页的专册。

在戒备森严的全国"两会"，接近并采访到温总理，几乎是不可能完成的任务。一个真实的故事是，《上海证券报》的一位记者在看到总理后敞开嗓子大喊道："温总理，今年股市会让股民赚钱吗？"温家宝回头笑了一下，啥话没说。这位记者就根据这一笑，写了一篇《总理笑对股市"一嗓子"》——可见记者这活儿有多囧，多困难……

最后一次机会出现在人大会议结束后在人民大会堂 3 楼金色大厅举行的总理答记者会。温总理在回答了十多个来自各国的记者提问后，按惯例，走下台与各国记者握手。坐在前排的人往往就会被握手。所以想塞东西，只有这么一次机会。

通常要 5：00 起床，才有可能排到人民大会堂门前记者队伍的最前排。8：00 一开门，大家拼命跑，都打算用动能冲破 3 层金色大厅的防线，因为总理答记者会的邀请信是有限的，好多记者拿不到。很多记者趁早上人多，一鼓作气冲进去，警卫也没办法。

记者排队不是为了抢前排座，而是为了逃票。因为这个时候，前排的座位早就给"特殊照顾者"们占了。第一次跑"两会"时，我不客气地把一张占座的纸扔到一边，一屁股坐下。不一会儿，外交部的孔泉大人就来了，说是他的位子……我只得让座，跑到后排。

其实坐在后排也不是没有机会，因为座位都是临时放的，搬开椅子就可以挤到前面一排。大多数人都有思维定式，都走到边上的过道往前挤，这样就慢了。其实只要跨过几排椅子，就可以到第一排了。作为跑过多年全国"两会"的老记者，我挤到第一排是很容易的事。

接下来，第一个动作是拉住温总理软绵绵的手儿，第二个动作是把东西往他另一只手里塞。没时间做第三个动作了，因为中南海保镖的胳膊已经架到了我胸前。我再回过神，总理已在 3 米开外。

于是第二天《新京报》上，就多了这样一段话："昨日，在国务院总理温家宝会见中外记者并答记者问后，走到记者席与前排的记者握手问候。'总理，这是《新京报》读者和网民给您的话。'本报记者在与总理握手时，向温家宝总理送上了本报根据人民网强国论坛网友及读者留言整理的《给总理的话》小册子，温总理微笑着收下了网民的心声。"

知识量丰富 + 脸皮厚 = 记者很需要的气质

记者：褚朝新

聚与散

2011 年 8 月 22 日晚的饭局，是一场必须喝醉的饭局。

10 元一瓶的二锅头，两瓶，对一起从《新京报》深度报道部辞职的钱昊平和我而言，足够了。

有些离去，需要庆祝。有些分别，难免悲伤。酒，有时候很能说明问题。

被送回酒店的路上，吐过数次后开始清醒的我，赖在马路边躺了一小会儿。在微博上，有小朋友跟我开玩笑说，睡在马路上居然没有被捡走，提醒我注意卖相。

我是个枯燥乏味的人，喜欢这样的小玩笑。

2005 年的一个深夜，还在武汉的时候，当时也是有辞职的念头。我一个人坐在办公室里，写了区区不到 500 字的辞职信，泪流满面。

这一次，没有落泪。不管是有泪还是无泪，很多过往都注定要在某个夜晚被想起，很多人注定都要被回忆，很多缘分注定要被记住。

这几天，相继听说几拨同行去了美国，为"9·11"十周年报道做准备。十年前的 9 月 11 日，我在一家叫《生活时报》的报纸实习。晚上，光着上身躺在北京白纸坊的一个地下室里昏昏欲睡时，一个实习晚归的同学带来了一个消息：美国遇袭了。

几个月后，参加《武汉晨报》的入职考试，最后一题是讲述自己何时何地听说"9·11"事件，如何看待此事。后来，考试没通过的我，还是设法留在了《武汉晨报》。两年后，听说《生活时报》改名叫了《新京报》。

后来在《新京报》的新楼里，我见到了原《生活时报》编辑部主任郭红梅。《生活时报》解散后，留在《新京报》做新闻的人不多。郭老师如今已是报社的资深编辑。2010 年冬天，报社高层请资深记者和编辑吃饭，有幸第一次与郭老师同桌吃饭。她话语不多，静谧温和。五六月份的一天，在微博上获知，工作一直兢兢业业的郭老师在会议室里开会时晕倒了。

2006年夏天，同在《武汉晨报》教卫新闻部的同事杨万国辞职了。他去了《新京报》。在他的引荐下，我见到了刘炳路。如今，杨万国已是《新京报》的首席记者。

那年秋末冬初，我到北京参加一个会议，顺便到《新京报》见了炳路，算是首轮面试。在永安路106号老楼里面谈时，炳路告诉我，《武汉晨报》的另一个同事吕宗恕，刚刚面试完离开北京。

辞职，大多都是不顺利的。2007年3月，辞职才办完。赴京后，《新京报》已经搬到了幸福大街，我见到了当时分管深度报道部的副总编辑孙献涛。

第一次见炳路，我还带着自己的学位证和毕业证。3月赴京入职时，这些证件怎么都找不到。在孙总的办公室，我忐忑地主动说起自己学位证和毕业证遗失的事。他笑呵呵地说，没事。没有这些证件的我，顺利入职。

就这样，杨万国、吕宗恕和我，都聚到了一家报馆。

有近两年的时间，我们一起租住在北京西客站附近的三路居。很多日子，我们3个挤在厨房里一起做饭，然后在一张桌上喝酒吃饭，饭后挤在一个沙发里喝茶聊天。后来各自的女朋友到了北京，屋子里的人越来越多，万国和经历了感情变故的我相继搬离了三路居。

那是一个值得怀念的院子，陈旧，但安静整洁，院子里的人和善友好。

2009年，宗恕辞职离开《新京报》，入职《南方周末》。如今，我也成为《南方周末》的一员，再次与他同事。

回想起来，我有时候表现得像个薄情的人，离开一个自己曾深爱的地方，而一直没有太过悲伤。有些天，为此耿耿于怀。那个醉酒躺在马路上的夜晚，我突然明白，这并不是一次真正的离开。我，仍在做新闻，只是换了一个地方。这一点，很重要。

病痛与气质

在《新京报》4年多，身上发生了很多变化。腰椎间盘突出，是在《新京报》工作期间发病的，也是这4年多里最困扰我的一个问题。

2007年的夏天，去广东阳江采访一个涉黑案。下午，步出阳江市委大院的时候，突然感到右腿麻痹。蹲了一会儿，不见好转，我强忍着不适感，一瘸一拐回到了宾馆。

自此，右臀部和右腿经常会折磨我。稍微步行10分钟或站立10分钟，都会疼痛难忍。这以后，我也很少在公汽或地铁上给人让座。

最痛苦的一次，是 2010 年 6 月在中央党校门口，采访广州市纪委书记苏志佳。当时中纪委培训 400 名地级和副省级城市的纪委书记，培训期间学员被禁止在校内会客，他不得不在校外见我。附近较为荒凉，我约他去附近一家酒店的房间，他不愿意，只好站在马路边聊。那次采访持续了 45 分钟左右，疼得我满头大汗。

2008 年的冬天，在武汉市中医院曾治疗过一阵。每个星期进行两次针灸、拔火罐等治疗。当时，病房里都是老头老太太，30 岁左右的病人只有我一个。略有好转后，忘形的我有一天试图一只手举起 7 岁的侄儿，结果复发。

此后很长时间，我拒绝去医院。采访尽量坐着，尽量不搬重物，尽量不爬山，也基本没有运动。

2010 年，在积水潭医院，一名叫刘亚军的大夫让我吃了两个半月的药后，我终于摆脱了疼痛。可是那个冬天，我去偏远的四川道孚县采访草原大火，低温、长途客车长途奔袭，再次复发。后来又吃药，才再次好转。

4 年多来，这个病一直伴随着我，直到最近才略有好转。有一点很自豪，一个只能步行或站立十分钟的半残疾人，从来没有因为疾病拒绝过任何一次采访任务。

2009 年，我被推荐为南方报业年度记者。一位前同事曾为我的工作形象做过素描：挺着大肚子，夹一个公文包，端着一个茶杯。有人曾笑称，我身上有乡村干部的气质。

这种乡村干部的气质，确实帮我很多忙。在很多新闻现场，你不需要看起来像一个记者。

这种例子，在新京报的 4 年多里，不胜枚举。第一次，是河北邯郸农业银行金库被盗案。我赶到现场时，银行已经严密封锁。我把背包存在了附近一个电话亭，夹着小公文包，端着茶杯，连闯了几道封锁线，进入了银行大楼内部。

这一次采访的成功突破，让我提前一个月正式成为《新京报》深度报道部的记者。

在《新京报》的最后两次采访，我都曾故技重施。

2011 年 6 月，我去某县采访。住到宾馆时，看到有一个会议通知，与采访主题相关。我决定去听听。端着杯子、拎着包，我坐到了最后一排。

可能是我的装扮太像他们眼中的领导了，负责会场的工作人员非要我往前坐。没办法，我只好坐到了前排。结果，该座位是对号入座，不一会儿，真干部来了，我只好灰溜溜回到后排。

会上，县委书记讲了如何看待违规的问题，说："交警在路口，你闯，一点面子不给，肯定卡你。你要趁他不注意，冲过去。"

内部会议，县委书记放得很开，公开教手下的官员如何更有技巧地上报某些数字："有些事是干出来的，有些是算出来的。算出来的，要讲技巧。有些软指标，要看全市情况，不要弄第一，也不能排最后。"

此公还有一段相当有中国特色的话值得记录："对为地方发展而出问题的干部，要宽容。对为个人贪腐出问题的，绝不留情。"这句话，回答了我对当下中国为什么那么多官员"出事后还能复出"的疑问。

在现在的中国，一个县委书记绝不会对一个他明知是"小报记者"的人说这些"心里话"。

2011 年 7 月，我去山东枣庄，采访矿难后发生意外死亡 3 名救援队员的事件。这是我在《新京报》的最后一个采访。那天在医院，我拎着包、挺着肚子，跟随一帮慰问伤员的官员，从六名警察的眼前大大方方进入了对记者"严防死守"的重症监护室。

与第一次不同，这一次我换了一个包，不再是夹在腋下的那种小公文包，而是四方规矩的黑色皮质手提公文包。

这种变化，自然还会引来一些善意的玩笑。自谑是最好的应对办法，我于是承认，四年多，《新京报》终于把一个"乡村干部"培养得有了县处级干部的气质了。

我，其实还想进步。

我成了极度专职的"官员杀手"

记者：黄玉浩

何谓调查突破？找到那个掌握核心信源的人，见别人见不到的人，拿到别人拿不到的料，知道别人不想让他人知道的事，让人说出理智状态下永不会说的话，建立一条别人未发现的事实逻辑链，这就是一名调查记者的突破。

突破官员信源，重在攻心

那么如何做到这一点，我以为攻心为上，首先要设身处地扮演对方的角色来思考你所面临的处境——你会怎么想、你会怎么做、你为何这么做，7年的调查记者生涯，我采访过正在接受组织调查的县委书记、非议漩涡中的下跪书记、除性别外一身是假的造假骗官书记、正在双规期间的市委书记的煤老板侄女。

有人会问怎么全都是官员啊，我想说，在中国做调查记者，如果你把官员搞定了，基本上调查就成了80%，因为我始终认为，在我们国家，最聪明到狡猾，最势利到市侩，最善于游走于明潜规则之间，最熟稔于厚黑的，正是这一群掌握着公权力的人，他们经常在深度调查中扮演重要的仲裁、行政、执法、监管乃至贪腐身份，他们几乎是调查中最重要的信源或信息平衡方，所以搞定他们很重要。如果你千辛万苦站到他们面前，如何让他们开口就成了最重要的事，我的秘诀是——一定要让对方彻底明白，接受你采访他有什么好处，拒绝你的采访他会得到什么坏处，四个字概括就是利诱威逼，做到这四个字的前提是你手里有足够的料。

鉴于很多官员的灭稿及干预阻挠正常调查的能力，而且他们大部分会是非暴力不合作的拒绝态度，我们在调查中总是尽可能在事实核实、话语平衡环节或多方对峙环节中来面对他们，在这之前我们有大量的基础外围调查需要完成。

访民、律师、同行、当地退休官员、对方政敌甚至出租司机均能提供大量有效信息，尤其是当地长期上访的人士，他们比一般的记者和侦探都厉害，他们有足够多的传闻、官员面谈经验，了解当地政治利益格局、掌握领导家庭电话、手机电话甚至"小三"的住地，有几套房子，当然这都是线索源，需要我们逐条核实，从前述诸人手中基本能拿到很多你需要采访官员的手机号码。

"朋友的朋友"暧昧运用

在你花了大量基础调查的时间后，需要敢于面对官员，这需要一点勇气和智慧，2007 年底山西洪洞发生死亡 100 多人的特大矿难，这是刚大学毕业的我第一次做大型突发事件，我给自己的要求是一定要进到事件的核心地带，连夜包车凌晨 3 点上山，突破了正在呼呼大睡的 13 道关卡警察，进入事发矿场。如果当天进不来，第二天肯定进不来。进来后找一名矿工买了件大家都穿着的军大衣，冒充矿工就留在山上，连夜到宿舍去采访，拿到了独家的第一手资料。回来后需要根据幸存矿工的讲述，需要向官方质证，需要采访公安、安监、国土、县政府各级领导，我有点打怵。领导给我打了个电话就消除我的顾虑，他说，你是代表新京报的，你是从中央下去的，你的层次和立意比当地官员高多了，没必要怕他们，你不是来求他办事，而是公对公的交往，大不了他不接受你的采访，又不能拘留你也不会打你一顿，只要你掌握的料足够扎实，该紧张的是他们。从此后我成了本报专职的"官员杀手"。

洪洞矿难是临汾市一年内的第 3 起恶性矿难，案发后，主管煤炭的副市长苗元礼和煤炭局一正两副局长均被司法机关控制，煤炭局更是 14 年 9 换局长，大部分局长为贪腐落马或遭事故问责。临汾在这个时候搞了个举国关注的在全国公选煤炭局长。这个背景下，领导安排我做当地煤官窝案调查，而实际上洪洞矿难刚过不足 10 天，国务院要求问责当地官员也引发人心惶惶，记者已经很难采到涉矿人士。

后来采访到了煤炭局仅剩的一个临近退休的副局长王某，讲述了几个煤炭局长与落马市长之间的经济纠葛和落马过程。

最后的突破是采访到了正被双规的主管煤炭副市长苗元礼的亲侄女——28 岁时拥有两个煤矿的亿万富翁兼市人大代表苗文娟，让其当面说出了其叔叔如何勾结煤炭局官员赚煤矿安全技术改造补贴的回扣，通过他人向煤炭局下属企业借款。

首先通过当地一家政法报纸的新闻部主任，拿到了苗文娟的电话，然后电话她，称自己是"苗市长朋友的朋友"，想见面聊一下，苗很警觉，问是叔叔哪个朋友的朋友，我说电话里我不方便说，见面可以说。见面后，我说鉴于朋友的身份特殊，现在是特殊时期，他在关键时刻还能保护下市长，我不能说他的名字，但我代表他来见你，肯定是要对这个事有个推动，我希望能知己知彼，你告诉我苗市长究竟有什么样的把柄被抓住了。苗文娟仍保持戒心，我继续攻心，我说据可靠消息，煤炭局两个双规局长现在把所有的责任都往市长身上推，他们为了立功举报，说你的煤矿有你叔叔的干股，组织准备调查，或许媒体可以扭转这一局面。这位女士彻底被说服，于是说出了他叔叔被查出什么贪腐问题、如何勾结几个局长截取煤矿每年数百万的技改费等等。这里成功的小技巧在于"朋友的朋友"的暧昧运用，这不是骗访，因为朋友的标准认定是模糊的。另外，推动这个词也是模糊的，向坏的方向发展也是推动。关键是要录音，留存证据，此间利用的是煤老板针对双规市长信息完全不对称，担心煤炭局官员推卸责任，想利用媒体为其开脱。

煤炭局是另一个核心信源。此时局里只剩下一个分管技术的老局长，其他一正两副局长刚被司法羁押，老局长呆在局里30多年了，他肯定知道所有内幕。于是给他电话，直接喊王叔叔，说我是您朋友的学生，我老师是山西新华社某某处长，我正在山西临汾出差，他让我来看看你，给你捎了套茶具。我的判断是一个任职30年的煤炭局长得见多少记者啊，他不可能每个都记住，我说某某把他当成朋友，而他不记得是完全有可能的，再加上还有礼物，怎好拒绝不见面呢。接下来花100多元买了一套茶具顺利请到老局长吃饭，饭间老局长讲述了他所知晓的煤炭局窝案内幕，3个局长用局下属企业的钱借给苗元礼，并且在苗的授意下截取安改费，洪洞矿难发生后，遭到问责落马。

22 天的坚持加一瓶白酒

攻心只是巧劲，深度调查靠的还是一股韧劲，是坚持低调的深入，是厚积后的蓄势待发。2008年的阜阳"白宫书记"调查，就是一共花了我22天时间，写稿用了半个月，最后形成22000字的原稿，见报3篇稿件计5个版。期间是极为漫长而痛苦的，最后采到正在接受纪委调查的"白宫书记"——22天的坚持加一瓶白酒换来的独家专访（见本书第一章《采访阜阳"白宫"的22天》一文）。

采访官员，要善于与他们周旋，即使不能完全赢得对方信任，也要尽量让其放松警惕，办公室喝茶、抽烟、闲聊、饭桌酒酣时会是他们放松的语境，国际形势、政治局常委、地域笑话、暧昧段子、当地官场秘闻会是他们感兴趣的话题，但绕来绕去还是为了问出我们想要的料，有智慧的坚持，是突破的首要态度。

比如采访骗官造假书记王亚丽时，对举报人要提供的线索和资料吃干榨尽，王亚丽案的举报人上访了两年，搜集了几十斤的举报材料，很详实，但这毕竟来源于举报人之手，我重新一个环节一个环节核实，仅为了证实王亚丽的年龄更改，就跑了河北不下 6 个派出所，到公安机关核实对峙数十次，最后才是与王亚丽对峙。电话沟通中，我故意举重若轻，称自己通过调查还是感觉王可能蒙受不白之冤，王一口一个弟弟呀，我也一口一个姐姐，她想了解我掌握的材料来源和采访进展，所以并不拒绝和我通话，我在故意装傻的同时总会适时抛出问题与其对峙，她的每一个回应尽管是谎话，但毕竟平衡了调查。调查中一定要保持客观独立性，对被举报人如此，对举报人也应如此。

绝世猛题更需举重若轻

突破不仅是找到人拿到料，更重要的是要保护自己的调查能安全面世，很多地方官员你也见到了，你也拿到很多猛料，他们也说了很多内幕或"雷语"，但你可能连稿子都没写好，就接到后方编辑的电话说你的稿子被别人找了关系给压下来了，这可能是目前国内调查记者普遍面临的一个舆论困境。山东、江苏、上海就一直是调查记者的雷区，相关区域的监督类调查稿件被灭的机率相当之大，比如山东，本报深度部在 2008 年曾操作过该省近 10 个选题，成功见报的只有 3 个，其中我占了两个，其中一个是当年政治局五大常委批示的"山东新泰上访者被强送精神病院"报道。

接到编辑部转给我的举报材料，我就确定这绝对是个年度报道的"绝世好题"，那是一份盖有 20 多名举报人手印的举报信，称他们是山东新泰市的上访农民，均因上访被关押在当地的精神病院，毫不知鉴定情况下，被当成精神病人强迫打针吃药长达数月、半年之久，在写下绝不上访的保证书下，方得以出院。精神病院中长期关押大量访民"病人"，接到选题，我很愤怒也很兴奋，觉得必须搞定这个调查。当时是 2008 年 11 月底，奥运会刚结束，两会即临，那段时间全国的舆论口径非常紧，地方维稳压力巨大，而本报多篇山东区调查稿均因相关原因夭折，我想我一定要保住这个选题，怎么办？举重若轻，谨思慎行。

到了新泰后，我先用当地一个同学的身份证入住一家宾馆，办了一张不具名的临时手机卡，电话约来举报人之一的孙法武，雇了一辆当地的黑车，找到材料中的一个个举报者，获悉精神病院中，有一名近80岁的上访老人，他一直用烟纸盒秘密记下所有因上访被关进来的人名单及事由。为了进入精神病院，我找到老人的家人，以他外孙的身份去探视老人，拿到了他数年来的秘密日记。采完访民就得采医院，直接硬闯院长办公室，告诉院长，这个事是政府的事，与你们医院没多大关系，但访民自认没有精神疾病，准备联名告你们医院，院长很害怕，就接受了采访。

接触医院，消息很快就会到政府，应先主动接触，就直接打车到了举报人所在的镇政府。当天去政府前，我故意用我的身份证登记了房间，考虑他们肯定来查我的入住时间，以免对方虑打算采取公关手段，我对镇书记说，我今天刚到新泰，住在某某宾馆，我是山东威海人，山大毕业，本来在泰山度假，突然接到领导电话，说接到一群举报人反映，因上访被关精神病院，我北京还有事，但领导安排必须来了解下，我就直接来找你们了解下，看了举报材料，我觉得访民还是有些无理取闹的。

见到宣传部长后，我又说我一直热爱山东，从不做山东负面新闻，但这次领导安排的选题，我可以自主决定是否做这个选题，我需要把这些材料中涉及的每一个环节都搞清楚，所以希望涉及到此事的公安、信访、卫生官员及分管信访的副市长、政法委书记。

中间就是和宣传部官员喝酒、吃饭，顺利采访每一个官员，中间一直表达这个选题"一点意思都没有，肯定不会写稿，才来一天我就准备离开"，举重若轻的态度终于稳定了这些官员的心理。当天采完官员我就说离开泰山回北京，回来第二天宣传部官员赶到报社说要一起吃饭，中间拿了几次"大信封"都被我拒绝了，最后对方又提来6条软中华烟，宣传部官员说不收下就不回去，为了不被灭稿，就收下烟并汇报报社，见报当天邮还当地政府。期间一直加速写稿，终于于2008年12月8日顺利见报，并引发巨大反响。

总结经验，就是要注意撒谎的技巧，要时刻记住自己在撒谎，界限在于不能给其明显的承诺。不骗谎的界限，在于可以让你觉得怎么样，而不是我说出来的怎么样。对官员突破，重在扎实的外围采访，配上攻心战术，方可成功。

采访也是一种态度

记者：郭 超

"6月31日就离开北京了，换个地方重新开始。"在微信朋友圈里发了这么一段话马上引来回应。

"什么时候走？你要去哪发展？""不干了？走了也好。""走之前至少跟大家吃顿饭吧。"

蒋老师还第一时间打来电话问"你真的要走吗？"我强忍住笑。蒋老师怪我不早点告诉大家，记者部的朋友们还能送送我。

报社真的不会离不开谁，再好的同事、朋友离开时也只是一桌大鱼大肉，几杯啤酒下肚，一副肝胆相照的场面。

我倒是希望6月能有31号，用多出来的这一天好好想想，这9年到底做了什么。

家乡的草原上有句土话，"父亲健在的时候多交朋友，马儿肥壮的时候游历四方。"我没有游牧民族的血液，却一直信奉这条人生哲理。做记者对我来说，就是丰富的人生游历。

终于想起可以写的故事了，因为它触及了我的灵魂深处。

2012年7月21日，那场大雨给我的震撼，使我现在可以在深夜去回忆一个逝去的人，甚至愿意想想他的容貌。

我打小是怕见死人的，甚至是那些放大的黑白照片。直到成年，楼下如果搭起灵棚，我几天都不会出门，门窗紧闭。看到坟堆，恨不得飞奔躲开。

爸爸为了让我不再恐惧这些，没事就讲他小时候踩了坟堆的故事。

可30多年了，我依然有这个毛病，别跟我说亡故的人，心里发毛。

北京燕山公安分局向阳路派出所的所长李方洪在那场大雨中逝去。2012年7月22日，也就是那场大雨的第二天，北京市公安局通知，所有媒体都要去采访这件事。通知时告诉记者，家属不能采访。

"能在救援群众中牺牲的派出所所长，他到底经历了什么？"我出发前心里一直在拼凑这样的一个人。没有家属的还原，人物缺少了生活的一面。

"他是个大好人。""谢谢他救了我们，没有他我们都逃不过洪水。"预设出来的情景少不了这些千篇一律的歌功颂德。

我决定自己开车到燕山采访这个人物。原定10点到六环路燕山出口集合，燕山公安分局来人带路。我提前20分钟到了，再次印证，早起的鸟有虫吃。

跟着本来是接领导的带路警车，我一路打着双闪到了李方洪住的小区。车里下来的竟然是政法委的副书记段桂清，我紧张的心都快挤到嗓子眼了，这机会可是所有记者都想得到的，我强装镇定，跟在人群后。

李方洪家的门厅，我第一次那么近的直面了逝者的照片。这里是家人为他搭的灵台，满屋子都是人，所有人都是素色着装，我并不显眼，出门前我考虑到采访逝者，找了件黑色上衣。

但我用手机拍照的举动还是被发现了，两个穿警服的人直接拎着脖领就把我拽出屋。"你干什么的？"警察问我。"我跟段书记来记录的。"对待横的，一定要表现得比他还横。"哦，你是跟段书记来的，市局新闻办的吧。"那警察松了手。"嗯，我们还有一部分人去你们分局了，我跟段书记的。"我没给他好脸。

这之后，我在这屋子里是有身份的人了。捐款、慰问家属、谈起要给李方洪申请烈士……段桂清也不知道身边的这个愣头青是记者。

慰问的领导走后，我其实已经不知道在屋子里该做什么了。他的妻子泣不成声，只能在卧室休息。家里人忙着准备后事，不便多打扰了。走之前，我对着李方洪的遗像鞠了三躬。泪窝浅，没忍住，泪如雨下。

李方洪的儿子很懂事，走过来扶我。"您不是我爸的同事吧，别太难过了。"这个黑黑瘦瘦的男孩还在关心别人。我说："我是记者，你没事吧……"这句问话傻到家了，刚失去父亲的孩子能没事吗？

他知道我是记者并没有抵触。"我昨天要是早起就好了，我妈说爸走的时候还在家吃馅饼了。"这孩子直勾勾地看着我。"我放假回来都没怎么跟他说话。"我这个时候真不知道说什么了。

从他家出来，我直奔李方洪牺牲的村子。那里已经长枪短炮，一群记者围着村民采访了。下午我独自再进村子，村民的态度就发生了180°转变。上午还能对着镜头说几句的村民于凤友直接回绝我："别说这些了，你们只能说那些好的，我要睡午觉。"

我尴尬地站在堂屋，于凤友关上卧室门。他女儿解围说："上午都说全了，我爸他是看着李方洪死的，他知道怎么回事，你们报道不了。"

越听越觉得这里有问题。我冲着里屋说："于大哥，我要是什么都报道不了，就不来第二次来你家了，你有话尽管说。"

大概过了两分钟，他从里屋走出来，递给我一支烟。从于大哥这里听到了与上午采访完全不同的一个版本。李方洪的死，不但是天灾，还有人祸。

"下午4点多村里就淹了，直到方洪死了，才有人把电闸拉了。我祖祖辈辈生活在这个村子，没修排水渠以前多大的雨都没淹过村子。"触目惊心的内幕一点点被揭露，于凤友一根接一根地抽烟。

村口，一位小伙子坐在自己被淹的汽车旁朝我大骂："你们这些记者都是吃屎的，写那些有什么用，人到底咋死的？你们知道吗？"

白发苍苍的老太太在排水渠边指着岸两边的枯木和垃圾说："要是早点把排水闸打开，人不至于死。"

被洪水冲毁了超市的大姐躲在一旁抹眼泪。"李所长他们打电话让上面开闸，电话里都快哭了，没人管。"

这些击中我的真相血淋淋，可现实也是血淋淋的，第二天的稿子，这些内容都没有直接见报。文章的结尾编辑保留了于凤友的一句话。"人不能就这么走了，为啥不早点开闸放水？为啥不早点断电？"

今年清明节前，我再次找到李方洪家采访。他的妻子李贵平依然没有从悲痛中走出来，回忆的都是和丈夫的往事，说丈夫最爱吃她做的烙饼。

"那我跟您学学怎么烙饼吧。"我劝她能继续振作，从下厨做饭开始。自从丈夫去世后，一个人在家里，她很少下厨做饭。这次她欣然答应。

我站在厨房门口，大口大口吃她做的烙饼。"方洪也这么站在厨房吃，我烙一张，他就吃一张。"李贵平说着突然失声哭起来，这不到300天的离别悲伤，足以使一个女人对生活失去信心，可她依然坚强地守着希望。

我知道，这已不仅仅是一次采访了，因为被采访人带给我的远比一篇文章厚重。换个地方，不如换一种态度重新开始。

自己突破自己

记者：卢美慧

从业时间不长，能够拿得出来说的事儿寥寥。

跟前辈相比，我的采访经历差不多都是小儿科，但对于很多像我这般以门外汉的身份，懵懵懂懂撞进新闻行业的人来说，每一则值得记录的突破故事，可能都是一名新记者成长的必由之路。

文艺记者爱说一个词：不忘初心。

下文中提到的稿件都是我第一次做相关题材的经历，它们引起的反响和关注有限，也没有获得过什么奖励。但对我而言，它们都是殊为宝贵的记忆。

洗衣店的故事

到《新京报》面试的时候，社会新闻部主编胡杰老师把电脑屏幕转向我，让我看 BQQ 里的一段对话，大致内容是，暗访的同事翻墙进了一个黑作坊，结果黑作坊里养了好几条大狼狗，他们侥幸逃出来没被抓住云云。

后来我稀里糊涂地进了社会新闻部的调查组，和直面过大狼狗、废机油、卵子黑市的前辈们成了同事，截至目前，还是这个小组里唯一一名女记者。

第一个单独的任务是暗访洗衣店，全部线索就是江苏某电视台报了一条洗衣店坑害消费者的新闻。

我就进了一家洗衣店洗衣服。早上 7 点上班，晚上 9 点下班，中间都在洗衣服。

每天都非常紧张，对于一个此前无任何采访经验的人来说，要在之后交出五六千字的稿子，并且每个环节都要保留证据，考验太大。

好在洗衣店的问题比较明显，干洗变湿洗、内外衣混洗、廉价洗涤剂等等。

当时我的手机还是诺基亚 N72，像素很低，单位的偷拍机比手机像素还低，且我大部分时间都在水池边洗衣服，取证很困难。

后来借了同事的苹果（你可以想象一个试用期的洗衣妹摆弄苹果手机的样子），顺便编造了一个不存在的姐姐抽奖中了一台新苹果手机，于是把老苹果手机给了我的谎言后，一些比较明显的证据就收集齐了。

当然，期间每掏一次手机，就要说出一两个关于那个不存在的姐姐的故事。

这家国内知名的洗衣店号称用的都是专业的洗涤剂，但事实上都是从批发市场买来的散装洗涤剂。平常用的时候，就把散装的洗涤剂倒入贴着品牌标签的容器中，没有什么破绽。

要命的是，我洗了 20 天衣服，瓶中的洗涤剂还有很多。

于是在某天，我闭上眼睛，把瓶子里剩余的洗涤剂都倒进了水池子。然后颤抖着，拍下来洗衣店的店员将廉价洗涤剂倒入瓶子的照片。

和自己作战

现在想想，这些都是小得不能再小的事儿。但是当初的那种紧张怎么也不能忘，同样的感觉，在第一次看到坠楼现场，第一次走进火灾现场的时候，都曾有过。

所以我觉得，对于一个成长阶段的记者来说，首先真正要突破的可能就是自己的胆怯和恐惧。

暗访记者常常要角色扮演，用另外的身份进入选题所在的世界，但又要时刻保持清醒，牢记自己是一名记者。

因为性格的原因，常常暗访着暗访着，就跟人家成为了朋友。比如上文提到的洗衣店，虽然他们做了那些事，且我手里都有实打实的证据，但是当报道出来后，这家店被关停，我还是没有办法抵挡内心的愧疚。

我在洗衣店的时候，老板和店员都对我不错，跑社会新闻久了就有这种感觉：中国人常常都是这样，对身边的人不错，但对于稍微远一点的人，都不愿付出哪怕多一点的责任和关心。

哪怕只是好好洗一件衣服，就这么简单。

我和经常暗访的兄弟们交流过，摄影记者尹亚飞有次跟我说，"你那算什么啊？我们的暗访常常前一秒还跟人家在酒桌上称兄道弟，后一秒就带着人抄家去了，那人当时瞅着你的眼神儿，都带着刀子恨不得立即杀了你！"

有次我给组里另外一个记者打电话，问选题的进展，他长叹一声说，"没法儿做了，跟对方成哥们儿了。"

相比内心的恐惧，这般心情，可能是更难突破与翻越的。

世事维艰，呈现在版面上的稿件无法告知你，那些会引发你愤怒的人，在现实生活中有种种难处，即便这种难处远不足以构成人们原谅他的理由。

但记者也是人，背着公众利益的名义，消费别人的信任，总不是一件轻松的事情。

暗访工作很辛苦，很多突破也的确不易，但至少对我而言，最为困难的不是翻越某座墙、获取哪些文件、捕获哪些画面，而是在此过程中，既能获取对方足够的信任，又恪守公共利益的边界，不恶意伤害别人。

逝者的故事

除开暗访调查，在社会新闻这边，我个人最常操作的还有和调查报道完全不同的一类——逝者。

暗访调查旨在"揭黑"，逝者报道则要求挖掘生命故事、体现人文情怀。至今没有精神分裂，真是件值得庆幸的事儿。

我写的第一个逝者，是一个在火灾中意外丧生的女孩儿。

当时我对《逝者》版面还没有概念，由于刚到报社不久，只一心想把这个稿子写出来。但是联系到家人，很快被女孩伤心的父母拒绝。

领导说联系不到可以放弃。但是鬼使神差的，我辗转联系到女孩儿的朋友们，在女孩儿头七当天晚上，我捧着一束百合到了火灾现场，和女孩儿的朋友见了面。

也许是当天夜里，大风中我狼狈的样子真的感动到她的朋友，之后两个礼拜，女孩儿的朋友们给我提供了所有能够走进这个生命的素材。

每一个逝者都有名字，这个名叫高杉的东北姑娘的离去，让习惯了她存在的朋友们都哀恸不已。

他们的回忆，帮我一点点拼凑出一个爱说爱笑热爱生活的年轻女孩儿的模样。

但是按照《逝者》版面的要求，如果没有亲属的同意，稿件一般不能刊发。

高杉的一个朋友做了一本电子纪念册给她，是她生前在网络世界里的全部记录，总共 24 万多字。

事发后一个月，我读完了全部内容，然后说服这位朋友，带着电子杂志去见了高杉的父母。

高杉是独生女，她的死对父母来说是灭顶之灾。见了面，老两口还没有走出悲伤，我想这种伤痛恐怕余生都很难走出了。

因为那 24 万多字，高杉喜欢什么、爱吃什么、去过哪里、喜欢爸爸多一些还是妈妈多一些，我差不多都有所了解。

所以聊天很顺利，从始至终，我都没说我是去采访，就是陪他们聊天，聊他们的女儿。

从高杉父母所在的宾馆走出，我知道文章可以写了。

努力抵达人心

后来编辑说，逝者稿子要好好写、用心写，因为对很多普通人来说，这很有可能是他或她第一次，也是最后一次出现在公众面前。

后来稿件刊出，高杉的一个朋友走遍了附近所有报摊，买下了当天的报纸。在高杉生前常去的网站上，她的朋友表达着感谢，他们说，稿子里写的就是高杉原本的样子。

高杉的母亲后来送我一条丝巾，加入《新京报》后，我一直提醒自己不能收取别人的礼物，但是这条丝巾我一直保留着。

还有什么比走进人的心更难的呢？

往往得知逝者们存在的时候，他们已然远离这个世界。但是我觉得每一次采访，都是一种奇特的相遇。

而这种相遇，很多时候都要借助逝者亲友的讲述，如何让他们在悲痛不已的时候，还原一个活生生的人给你，个人觉得并无什么章法。

这类突破，记者能做的，也许只有用真诚的心，告知对方你对逝去生命的遗憾、尊重，然后听天由命。

很幸运，大多数时候，真诚是能够发挥作用的。即使不是采访逝者，我认为足够的真诚是采访的不二法门了。

但也有例外。李双江之子李天一涉嫌轮奸案，为了核实相关情况，我几乎天天试图联系李双江梦鸽夫妇，电话不接，短信前后发了差不多 3000 字，发得自己都被自己感动了，但最终都石沉大海。当然这个案件本身有特殊性，不过对于公众人物、权力机构等的"突破"，我个人的经历都非常少。

相信经历过这些的同事，会有更多精彩的故事。

热线记者的北京味道

记者：李禹潼

我叫李禹潼，社会部热线记者。

工作中，每天接触的都是一些突发新闻现场，其中大部分都会因自己是"闲杂人等"遭到拒绝，往往这个时候，就到了考验突破能力的时候了。回首一年，为了拿到核心的消息，也学会了不少"招数"。

软磨硬泡、陪伴倾听、去哪跟哪……这些被我称作傻大姐式的采访技巧为我赢得了不少采访对象的信任和理解。采访渐渐从一件难事儿，变成了一件有章可循的乐事儿。

但与此同时，由于本人社会经验并不丰富，在2011年离开校园前，应该还算是个不谙世事的小丫头，一年来，坦白讲，过得很痛苦，每天有不同的知识塞进脑子，又要忍受奔波的辛苦。但我十分认同某领导在开会时说过的一句话，不要抱怨，都是财富。

经常，在回家的深夜，我都会坐在沙发上感慨，一年来的点点滴滴，在一个热线新人记者眼中回放，这不是矫情，是成长。

招式一：软磨硬泡

说起这一点，我认为这跟我的星座和性别难脱关系。我是典型巨蟹座，平时做事如果没有领导追着跑，就会磨磨唧唧，像只蜗牛。刚入职时，连续几个月的适应期让我每天坐立不安，常失眠，别人用一小时采访完了，我还没出门儿呢，这样不好，错过了不少精彩的现场。

好在做记者久了，对自己形象的要求也没那么高了，经常套一件衣服就出门。而且我慢慢发现，性子不急又细腻的巨蟹其实稍微转动脑筋，缺点可以变成优点。

对，软磨硬泡。

2012年11月20日，我经历了到报社后第一篇反响比较大的题材。我的小心脏也因此经历了一次过山车式的体验。

上午刷微博时，看到一则关于艾滋病人就医遭拒的帖子，我此前从未接触过艾滋病人，就点击进去看。然后我发现，病人由于被歧视遭拒，辗转几家医院都无法被收治。

我马上把题报给了领导，领导说可联系操作。

博主李虎身在天津，我给他在微博上留了言，发了私信，求了关注，结果没有音讯。为了联系目击者，我们经常会在微博上偷偷约访，如果人家有倾诉欲，你的私信发过去没一会儿就回复了，但李虎一直没有回复，我看着页面右下角显示他在线的那行字发呆。意识到这个题可能就"黄"了。

在接下来的两个小时里，我先后给他发了4条私信，说了我的名字、单位、采访的动机以及对他的关注、热切希望能帮助患者等等，长篇累牍写了一大堆。其实我写这些，是希望他能领略我的善意，并信任我。

敏感并不一定只在女生身上会体现，我只能不停地表忠心，不停地关心他，才能得到采访的机会。

下午3点，实在等不到回复，我就找了好朋友到太阳宫的凯德吃饭，正吃着饭，手机响了。我拿出来一看，回了简短的几个字。

我赶紧扔了筷子回单位，与李虎交换了电话号码后，开始采访。

因为采访完李虎的时间已接近5点，我又向他提到的几所医院核实，但很可惜，没有一所医院直接回复我，不是说下班了，就是无权查看病历。

没有医院的证实，只有单方说法，那就不够客观，是失败的采访。虎哥很讲义气，当晚他帮我要来了患者的病历卡，传真过来。

那天晚上我在报社呆到凌晨，一直等到快签版，我能感受到领导和编辑的不放心。"如果只是单方说法，那就是假新闻"。

晚上12：30，我又一遍一遍给李虎打电话，试图要到更多证据。看似"敬业、严谨"，其实我只是想给自己一颗定心丸。最后一通电话，李虎说了句话，你放心，我信任你，你也信我吧。

最终，在各位的不放心中，稿子发了。

21日下午，央视东方时空也做了这条新闻，当晚，李克强副总理针对此事做出批示。

2013年3月，我到李虎在天津的工作室做客，他问我为啥会做这条报道，我说跟你约采访这么费劲儿，我得珍惜呀。我问他为啥答应我采访，他笑笑，你傻了吧唧的发那么多私信，觉得可以信任。

嗯，信任是相互的。

招式二：穷追不舍

"早晨6点在大红门附近一宾馆，有人跳楼，赶紧去。"我揉揉眼睛，才8点，在心里悄悄抱怨了一下，挣扎着起床。

这是2011年夏天的事儿。

打车来到事发地，只见宾馆被围得水泄不通。各个大门都有特警和刑警把守。7楼一间房的窗口窗帘被大打开，楼下的小贩告诉我，一个女人从7楼跳下来，当场就死了。

问了3个目击者后，我决定进到旅馆，找第一目击者。

我历来惧怕警察等一切高大威猛的男人，站在他们面前，我像只小鸡崽儿。

但如今跳楼者早已被拉走，只有进入宾馆，才能找到跳楼的屋子，以及更多东西。

我在宾馆附近转来转去，买了杯豆浆给自己壮胆。

看着时间到了9点，我心一横，往里走。

在前台被拦住了。

"干嘛的"，"找朋友"，"找哪个房间"，"305，305，嗯"，"身份证留下"，"哦，好"。

父母从小教育我不要说谎，稍有不诚实都会挨打。后来我再想隐瞒时，就学会了"忽悠"，但这次，在这个站满了威猛大汉的地方，一切小聪明、小伎俩瞬间苍白了。我坐电梯先到了3楼，问了服务员，都是不知道。

只能顺着楼梯爬到7楼，安全通道的门一拉开，4个男警察和1个蓝衣男子站在我面前。

他们还没蒙，我先蒙了。

"我……我是……我是报社的记者，跳楼的那位怎么样了？"

估计警察都很少见到如此直白的记者，"出去吧，不方便说"，说完他夹着本子带人走了。

现场只剩下我和那蓝衣男子。

我冲他笑笑，他皱了下眉头，眼神里透着疑惑和藐视。

"您是家属吧？"

"有事儿吗？"

"我……我也是东北的。"

"嗯，嗯？"

好失败的搭讪啊，现在想起，真有抽死自己的心。

"告诉我，受伤的是谁好吗？"

"死了。"

"死者是您的家人吗？"

"妹妹你穿靴子不热啊……"

我又蒙了。

他咧嘴笑了下，开始顺着楼梯往下走，我就跟着，跟到 4 楼，他回头指了指夹层上的圆形玻璃说，外面那矮楼的楼顶，就摔在那儿摔死的。

我顺着玻璃往外看，现场有一滩血，还有七八个警察。

他继续往下走，我还跟着，此时，除了跟着，我没有别的办法突破了。

他沉默，我也不说话，出了宾馆左拐右拐到了停车场。

"你回去吧，我什么都不能说，还没查清楚呢。"

"说点儿吧，我想知道，你知道啥都告诉我吧。"

"告诉你干啥，能让死人活过来吗？"

"我要是有那能耐，保证让她活过来。"

他不理我，"滴"地打开一辆大众轿车。

也不知那根弦没搭对，我一屁股坐进副驾驶。

他特别无奈地看了我一眼，关门走了。

我当时有种被恋人抛弃的感觉，准备打电话给领导请求撤退。

两分钟后，他回来了，手里拎着两瓶矿泉水。

坐在车里，他说，去世的是他 80 多岁的姑奶奶，因家庭矛盾，被另一家人推下 8 楼的。现在全家都在从东北赶来北京。

虽然种种原因，这篇突发新闻最终没能见报，但靠着死皮赖脸主动搭讪，最终也还是问到了。

招式三：感同身受

2013 年 5 月 4 日，广渠门恶性杀人案，山东籍男子李某用工具刀在高速匝道旁袭击过往车辆，造成两死一伤。

那是个周末，我正和姐妹儿逛街。

电话是同事打来的，他在现场，希望我去医院急诊盯着，我第 N 次背叛了闺蜜，约会一半去工作了。

下午 4 点多，我到了同仁医院。急诊楼院里，停着一辆 999 和一辆 120。车厢空着。

说实话，我挺害怕见这种亲人离别的场面。高中时候，奶奶的葬礼上，我哭得一度昏厥，被家人抬出殡仪馆。所以每次见到这种场面，我都不自觉地回想起那时的场景。

果然，绕过急救车，院子的角落，死者家属小静瘫坐在地上，嚎啕大哭，两只双眼皮贴，一只粘在脸颊上，一只到了眼皮最上方，一半儿还耷拉在空气里。

我递给她一张湿巾，她看了我一眼。

周围只有她哥哥在，看着妹妹哭，怎么劝也没用，只能束手无策。

我问她哥哥，死者多大。"50，属兔子的。"

小静听到我们的对话，哭得更凶了。

也不知什么触动了我，我蹲下来，抱着她。脑子里一片空白。

小静24岁，和我一样大，死者原阿姨50岁，和我妈妈一样大。

失去母亲，那是多大的打击啊。

我不知道怎么安慰她，就轻轻拍着她的后背。

她嘴里絮叨着说起母亲的事情，才过完生日不到俩礼拜，正准备帮我搬家，生日愿望是看我出嫁。"妈妈，你咋就走了，妈妈……妈妈……"

6点，尸体将被拉入太平间，小静像疯了一样往担架上冲，被邻居和家人强拉下来。

她的哭声，至今还浮现在我的耳边。

5月18日，在采访详尽充分的两版稿件被"和谐"掉十多天后，我为原阿姨写了篇逝者，终于见报。

这段经历，对我来说，是专业能力的突破，更是对生命认知的突破。

最后，我一定要感谢我的工作，我的单位，让我每天都在学习，让我直视自己的内心。

酸里带点儿甜，甜里混着苦，苦得直掉泪，泪中有笑意。这是我作为热线记者的北京味道，你的呢？

暗访中扮演的 "角色们"

记者：孟祥超

从 2007 年大学毕业，我便进了报纸这个行业，两年后从河北一家纸媒来到《新京报》。

我前后做了 4 年社会新闻。车祸、杀人、抢劫、火灾，各种各样的社会新闻报道。我的工作，就是周旋于不同诉求的采访对象之间，拿到新闻素材。

2011 年 7 月，我进到单位的深度报道部。无论是选题角度、地域范围还是面对的采访对象，大体都有了些变化。但任何采访，目的只有一个——拿到新闻素材。突破，也必定是每一次采访的必经过程。

新朋友的重任

记忆深刻的一次，是在 2009 年 11 月，距我入职《新京报》不到两个月。27 日晚上，刚好轮到我和另几名同事夜班，几个人也就聚在了单位附近。

晚上 10 点左右，单位报料平台转来一条线索：大兴区一户居民家中发现几具尸体，估计是一起命案。

没几分钟，有同事的手机上接连传来消息，信息一致，但没有更进一步的信息。凭直觉判断，应该是出大事了。于是，我和同事甘浩及两名摄影记者，赶忙打车赶往事发现场。

等我们到达现场时，事发的那栋居民楼周围，已被拉起了警戒线，裹尸袋已陆续被运到了警车上。小区的路灯昏暗，出事的那个单元房里，只能看到房灯透出来的光。

不得不说，那天我们得到消息的时间很晚。我们到现场时，已经过了晚上 11 点。有同行媒体已经完成当日采访，撤离现场，开始在附近的网吧写稿了。

屋里是什么人？相互间什么关系？是何死因？屋子里究竟发生过什么？一连串的疑问。

在将近 20 分钟里，我们始终没有任何实质收获。围观的小区居民凑成群，拼凑着关于当事人的散碎信息，可用的信息少得可怜。自然这也不是我们最想要的信息。

我们在这个小区里绕来绕去，数着截稿的时间，心急如焚。

就在这时，小区里突然来了几辆黑色的轿车，有人戴着眼镜、穿着风衣。

旁边有公务人员窃窃私语，依稀可听见"领导来了"之类的话。

机会来了。瞅了瞅身上，正好是一件新买的夹克，有点公职人员的样子。我随即把包往旁边一扔，和同事点头示意，跟着人群走进了楼里。在事发的单元门门口，我停了下来。

这天晚上，我们拿到了关于死者的最基本信息，一个户主李磊的父母、妻子、妹妹、两个儿子均被杀害，户主下落不明。此时，已经是晚上 12 点。

我赶忙打电话给单位的同事，我口述，他整理。

第二天，新京报报道了这则最接近事实的消息。这就是轰动一时的"大兴灭门案"。

这次采访中，我们得到的信息是几名死者原是大兴天宫院村人。

第二天，我和同事段修健开始寻找死者亲属。等到了天宫院才知道，这个村已经拆迁完毕，据说村委会也搬了家。当时偌大的一个村庄，到处都是废墟，只剩下两户"钉子户"。看来，那就是我们的希望。

关于死者一家的信息，那个"钉子户"大叔知道的少之又少。大叔说，天宫院拆迁后，村里人散布在周围三四个村，甚至更远。他简单列举了几户远房亲戚的姓名，建议我们到周围村试一试。

也只能试一试了。可这一走不要紧，一直找到下午，步行几个村十几公里，也没找到一个人。眼看着一天的功夫即将白费，我们再次回到"钉子户"大叔家中。

聊着聊着，大叔突然间说起，村委会曾经做了一个名册，记录了拆迁户的电话，不知在谁手上。他又提出一个担心：在我们之前，已有几名记者前往村委会，不是没找着人，就是吃了闭门羹。

我们真要求助于这位大叔。反复做工作之下，他当着我们的面，给村委会一名干部打了一个电话，说希望找一个老街坊的电话。随后，他骑自行车走了。

接下来，就是漫长的等待。部门领导和编辑不停给我们电话，催问有没有进展。"没有，还是没有。"我们知道，这一天的命运可能要交给这个新朋友了。

一小时后，那位大叔终于回到家。把他的手机晃了几下，里面拍了一张村委会的名册，勉强可以辨识。电话终于找到了。

半小时后，同事打来电话称，警方发布消息：犯罪嫌疑人在海南三亚被抓，确认就是户主，最不想看到的结局被证实了。我们赶紧把这个消息告知死者家属，也获得了家属的信任，这天，我们聊了很多。

也是因为和死者家属建立起一种信任关系，我们后来通过死者家属，找到了犯罪嫌疑人妻子（被杀）的家属。通过后者，又找到犯罪嫌疑人的生意伙伴。

我后来又发出多篇报道，包括犯罪嫌疑人的人物稿。从第一篇稿件开始，新京报的消息在所有媒体中最接近事实，也最细致全面。多数是独家新闻。

现在想来，有很大的幸运成分，也或许是我们比别人晚放弃了几十分钟，多走了几公里路。至今还对那位大叔心存感激，如果没有他，可能我们发不出那么多对于这个事件的报道了。

骗子和贩子

有时候，记者还要扮演角色。对于我，这些故事一般发生在暗访环节。

记得在 2010 年，"荧光蘑菇"在经报道后，饭桌上的常客成了人们谈之色变的怪物。我和同事巴士广在新发地批发市场整整蹲了半个月。每次"出动"，都是我们俩加上摄影和司机。望远镜、偷拍机，样样齐全。

这次，我们冒充的是蘑菇贩子，买了不知道多少筐蘑菇。看着我们一筐筐往单位搬蘑菇，一楼的同事每次都望着我们做惊讶状。

2010 年 3 月，某区一家工厂的罐体爆炸，几名工人死伤。十来名同行站在大门外等候，我有幸绕过附近一个铁栅栏进入工厂。正当我准备进爆炸现场时，一名工作人员迎头走了过来，"同志，你是哪个部门的？"

我有些慌了，脱口而出"应急办的"。那工作人员指了指旁边的一座小楼，"你们的人在那边"。事后还想，怎么说出是应急办的呢？始终没想明白。

走进那座楼里，二楼临门是一间打印室，工作人员正在反复修改将要发给媒体的通稿。我胡乱拿了两张纸，夹着采访本，挺着肚子走进了旁边的会议室。在那里，市、区相关领导正在开现场会，几乎解答了我所有的疑问。当然，还有一些关于处理事故的内部规则。这里就不再展开说了。

记得在 2010 年时，领导希望我去做一个电视购物的采访。报料人提供的信息很简短：每天有几百个个人信息，不知道从哪里来的，那是一个专门骗农村老实人的窝。

一些刚毕业的年轻人，反复打给通讯录上的人们，骗他们是"工商总局的客服回访员"。这些骗子知道，他们的客户曾经有过电视购物经历，也知道他们买的产品出了问题。

这些在电视购物里被骗的人，再次成为猎物。他们被告知说，只要再花几百或几千元，就可半价再买一部高档手机或高档电子产品。其实那只是一些成本几十元的山寨电子垃圾。

报料人说，那公司里有监工，工人随时有被暴打的危险。

这一次，我拨通了那个公司随时招人的电话，成功地成为一名"国家工商总局客服回访员"。上班第一天。立水桥边的一间商务楼里，十几个 20 多岁的年轻人挤进一间有格子间的办公室。

刚一报到，手机和手表全部被收走，放在一个筐子里。一个男监工象征性地挨个摸了一遍，确认工人们身上没有电子产品。我是新人，自然被特殊照顾。

等坐到分配的座位上，出了一身冷汗。偷拍机藏在袜子里，一旦被发现，说不定小命都悬了。接下来，两个监工像监视犯人一样，光着上身、露着纹身，他们在 20 平米的办公室来回转，手里还拿着棍子。

这两个监工的眼睛，死死盯着每个人的脸和手，有种让人窒息的感觉。

我上午的工作，只能是观摩了。看着一个个大学生模样的年轻男女，他们穿着也算入时，如果在地铁或街上遇见，你肯定会认为他们只是一介善良的书生。但每当他们满嘴谎话，骗成了就嘲笑对方是傻子，被人识破又破口大骂时。那副嘴脸，让我至今难忘。

好不容易挨到中午，停工一小时。"公司"还发了盒饭。我的机会来了。作为一名新人，我充分发挥了主观能动性，不断提出问题，做十分虚心状。那两名主管耐心细致地教我，如何去成功骗人。还夸我上进好学。

整整问了一个小时，饭都没顾上吃几口。所有的疑问，都得到了这两个人答复。一个主管说，他曾把一个人骗了四五次，对方花了上万块钱。说完吊起嘴角，俯视眼前的那些年轻人，做接受膜拜状。

这些都成为我机器里的画面。

到了下午，我摸准监工的走路规律，开始取证。我一边拿着电话自言自语，装出给客户打电话的样子，另一只手开始拍摄取证。直到第二天，我拿到了完整的证据。

这种硬突破，不止这一次。2011年初，北京各医院严重缺血，有些地方的政府部门暗中要求辖区各部门、乡镇献血。有些公职人员不愿献血，很多单位出钱，找血头拉人献血，形成了北京地下"卖血网络"。

在涉及卖血的QQ群里运作了近两个月后，我终于摸清了这个卖血网络的构成，也赢得了一名血头的信任。他要我为他拉人头，从中抽成。但几次约定后，又被告知取消，估计是在试探。

终于有一次，他约我带卖血者见面，我如约到了接头地点。同时，我也拉到了一位"卖血者"——单位的摄影记者。一路上，我与车上所有卖血者进行了攀谈，印证了之前了解的背景。

一小时后，我们到了房山一家乡镇医院，此时，这里聚集了两三车从保定来的卖血者。在这里，我们拿到了卖血的所有核心证据。

但就在抽身之际，意外发生了。可能是有人发现我们到处聊天不抽血，亦或是我们拍照被人发现。几名血头直盯着我俩，手里指指点点，从楼道一头冲了过来。我们和血头之间，隔着几十人的人群，同事拉上我扭头就跑。

我们从另一侧过道狂奔下楼，头也不回向大路跑。狂奔几百米，一辆公交车马上要关门，我俩一步踏进去，公交开动。我只剩下扶着栏杆蹲在公交车上，大口喘粗气。

饭局、掮客和禁令

这些角色，现在说起来蛮轻松，但事实上也受了不少罪，有时候紧张得不行。当然，这也并非一个记者的常态。

再后来，社会新闻部开了调查版。有一次，我和几名做调查的同事聊起暗访的事，觉得同事张永生、王瑞锋有好几次的经历更辛苦，也更危险。

2011年下半年，我进入了报社的深度报道部。一些选题题材和角度，甚至一些采访对象，多少都有一些改变。但是，只要是做记者、做采访，"突破"这个词就会如影随形。

这期间，自然少不了扮演过各种角色，也经常为争取采访对象接受采访说得嘴角毛白沫。有时，饭局上要喝大量的酒，才能得到一些关键的新闻素材，尽管我很厌烦喝酒。

采访中，还要与"掮客"过招。一些媒体同行有之，自命不凡的说客有之，政府官员有之，甚至一些人就出自新闻管理部门。以我的分析，有些人大多是拿人钱财与人消灾之流。

再后来，我的主管领导教我，有些时候，掮客可以给他的主子"帮倒忙"。这也让我们能争取到了发稿时间。

就在前年，一个副部级报纸的中层干部，先是自称认识某个级别的领导，我稿件中涉及那一级领导干部的子女。然后，他提出要"花钱买我的稿子"。

后来一打听，这个人经常打电话给我的同事，不是想灭这稿就是想灭那稿，是个十足的掮客。没想到，他每次都被拒，还屡败屡战。电话里，他一直想见我。这次我没生硬地把他骂走，自然也没答应他什么，但就是不和他见面。

几天后，这个领导还在不断给我"加价"时，我的稿子已经见报了。没想到，见报当天他就打给我，电话里全是粗口，一连骂了我好几分钟。我想，可能他先是拿着事主的好处费，拍着胸脯包打江山；现在又要灰溜溜把钱退还人家，颜面扫地。很好笑。

再讲一个最近遇到的事吧。

2013年3月，采访长春"盗车杀婴案"。事发第二天开始，各种消息满天飞。受害人一家精神接近崩溃，在打了一个电话后，死者家属婉拒记者采访。电话里，我也只能说，能不能为他的家庭做一些力所能及的帮助。

此时，关于犯罪嫌疑人的信息，几乎得不到任何官方的回应。在网络上，一直在传一张户籍信息。这个人与犯罪嫌疑人同名，年龄相仿。犯罪嫌疑人为何盗车、为何杀人，他又是一个什么样的人，这始终是一个最大的问题。

只能试一试了。按照户籍上的信息，事发第三天上午，我找到了这栋位于长春市的居民楼。邻居提供了几个信息：大批警察已经来过；户主爱喝酒、离过婚；是一个卖铲车的。除此，再没其他信息，也没人有户主家人的电话。这条线又断了。

我只好返回弃车的公主岭市，看能否再找到一些有用的信息。几十公里外的现场，我和两位同行终于找到了目击者，对于整个事件的还原基本完成。

在与一位村民含糊的攀谈中，对方说，听说犯罪嫌疑人的老家是离当地十几里的一个屯子。这个消息，他连听谁说的都不记得，更没去过。去还是不去？

此时，已经接近黄昏。两位同行认为，这种消息可信度极低。与他们要采访的内容相比，他们不想冒这个险。而我对犯罪嫌疑人这个人物始终充满好奇。如果做人物稿，找到他的家人是问题焦点。

我只能试一试了。

半路上，我登上了前往那个屯子所属镇的最后一趟大巴。刚一上车，我赶忙问车上人，有没有听说过这个屯子。眼前的三四个本地人都说没听说过。

大巴车上，我打开手机地图搜索，并没有发现这个村子，但有一个名字相仿的村子。既然上了车，就探个究竟吧。

一路无话，到了镇上。接连问了两个出租车司机，都说不知道有这个村，心凉了一半。直到问到第三个司机，对方说，听说过这个村，但不知道在哪。他接连打了几个电话，说那不是个村名，是一个村的居民组。

在深雪车辙的乡村路上，我租的 QQ 轿车不停在雪上玩着漂移。晚上 7 点多，我终于叩开了嫌疑人哥嫂的家门。我的采访峰回路转。遗憾的是，当晚一连几道"禁令"，这个报道只能中途放弃。

其实，一篇稿子的发出并非易事，有时还要经历个七灾八难的。

平常心，平常心。

女摄影师的低级 "突破"

记者：韩 萌

装媳妇混进军工厂

2013 年 5 月中旬，和王瑞锋去山东章丘采访军工厂爆炸，超过 12 人死亡，失踪人数将近 20 人。

几乎在山东做突发和调查的记者都知道，山东是个新闻管制极度严格的省份，当地官方的能量很大；爆炸的工厂属于军工企业，碰到有部队背景的负面新闻采访，也是难上加难；爆炸的工厂在一个山沟里，只有一道门可以进入，被警察封锁，只有救援的警方或者部分家属才能进入。

我们到厂门口的时候，已经是夜里 11 点，即将截稿。根据经验判断，恐怕禁令很快就来，如果今晚不突破进入爆炸现场，恐怕明天就更没有可能了。但是，门口有十几个警察和保安。

去试一次，成了就成了；不成，明天还要再来，或许要翻山。

坐在出租车里，如坐针毡。同行王瑞锋是山东人，地道山东话。像是眼前一片黑似的，出租车已经开到厂门口。

意料之中，四五个警察围着出租车，盘问。

"俺爹联系不上了，刚从青岛过来。"王说。紧接着，把刚从其他媒体要来的失踪者的姓名告诉了警察。

"后面的呢？"警察问。

"他媳妇。"我故作镇定。

"进去吧，快去，找人要紧。"一个大个警察说。

冒充了王瑞锋的媳妇进到厂区了。

半个小时后，拍到了正在清理现场的照片，心里踏实很多。和新华社不同的是，我的是晚上的，其他的没有区别。

刚把相机收好，一大个保安过来，王瑞锋在旁边，边走边和保安说，"我得找我媳妇。"

保安往前看，只有一个女的是我，说，"她是记者，怎么是你媳妇？"

3个人保持沉默。

照片收好，王的采访已经结束。我们在保安的"陪伴"下，走出厂区。最后，大个保安说，"记者就是记者，怎么还装媳妇？"

在飞机坠毁山头与保安抢相机

2009年7月，北京，平谷。

周末接到爆料，平谷一飞机坠毁。

大概两个小时后，从市区到达飞机坠毁的山。

得知，是个洒农药的飞机，当时飞机上只有一个人，受伤，但是，飞机残骸还在山上，没有清理。

只有爬山找到飞机残骸。山上没有路，但是可以知道残骸的位置，因为附近有保安在站岗，还有拉出的警戒线，提示飞机残骸的位置。

我开始爬山。如果是小时候，爬这样没有路的山是最有意思的，我可能会爬一整天，边走边数数周围的植物、揪回些种子和树叶。

可是这时，我显得有点着急。如果不能马上到达残骸的位置，可能会被保安发现；如果不能拍到，自己都无法原谅没有完成任务。

半个多小时之后，绕过了保安，爬到了更高的位置，又找了另一条路下来，终于靠近了残骸。白色的机体，还有红蓝的条纹。飞机已经没有什么形状了，只剩下一堆废铁一样的残骸。

当我拿出相机时，保安果然发现了我。在我拍完3张照片时，他们已经到我身边，准备抢走相机。

当时，我几乎站不住，一路爬上来，身上已经被植物划伤，几道血迹。

为了能保住照片，我只好在和他们争夺相机时，把卡迅速地拿出来，相机顺势给他，卡放进了最安全的胸罩里。

他们抢走相机，送我下山。似乎并没有意识到，存储卡没有在相机里，一副志得意满的样子。

此时，我已经坐在采访车里，拿出卡，放进书包。安全了，照片在。

十几分钟后，其中一个保安过来，把相机给我，什么也没说，就走了。

如果说，女摄影记者采访突发新闻的优势，可能这两个事件是比较典型的吧。

在中国做摄影记者，事件现场上，除了琢磨着怎么拍好照片，还要留出一部分智慧，给这些低级的突破，这是特殊的中国媒体环境。

十年以来，似乎这样的采访环境并没有改变很多，有的时候，愈演愈烈。

职业记者最需要的特质：坚持、执著、质疑

记者：耿小勇

在采访的道路上跑了多年，越来越发现在职业化的媒体，一名职业记者更需要一些特质，相比那些技巧和方法，这些东西更加宝贵。个人认为坚持、执著、质疑，是对于新闻记者最重要的特质。

坚持

2005年10月，神舟六号飞船发射。

正式入职新京报才3个月的我被派往内蒙古四子王旗乌兰花镇报道飞船回收，这是我当记者后第一次担任大型采访，说实话，心里也紧张，也没底。

但我告诉自己，一定要努力争取最好，同行竞争从来不会同情新人和菜鸟，大家都在一个平台上真刀实枪地打拼。大家目标都很明确，第一时间到达回收现场，发挥自己的现场报道。

官方只允许新华社、中央电视台等五六家国家级媒体采访，对于其他媒体，原则上都禁止进入现场。难度越大，突破的价值越大，更能体现优秀记者功力。

飞船回收前几天，我和数百名记者潜入回收区，据四子王旗公安局的调查显示，驻扎在乌兰花镇的300多名记者，潜入着陆场周围牧户的就有200多人。由于军方和当地警方的严密排查，我和多数记者都被"请"了出来。

要进去，绝不能放弃，我再次进入回收区域，躲在牧民家中。随着飞船回收的迫近，回收场的气氛越来越紧张，警方每天排查牧民家次数越来越频发，一天两次，一天4次，一天6次……单纯躲在牧民家中已经不行了，最严峻的是，虽然收下了记者的食宿等费用，但老实的牧民心理也承受着考验。

10月16日，距离原定飞船返回着陆的时间只剩一天，我所在的牧

民家的主人受不了了，60多岁的牧民恳求我："我把钱退给你，你走吧，我这把年纪了，被警察抓进去受不了。"

说实话，我挺理解牧民的，但这时离开太可惜了，更何况我的任务还没有完成。我把身上仅有的几百块钱也给了这位牧民，"我就躲在您家羊圈旁边的草垛里，如果被搜到，我就说自己藏在这里的，绝不连累您。"

同时，为了安全起见，我不让牧民再给我送吃的，带了两瓶水就钻进了草垛。

草垛是由玉米秸等堆成的，我把几捆玉米秸搬开，自己躺进去，然后再盖上玉米秸。

白天躲过了数次搜查，最厉害的一次，我听见民警问牧民，草垛里藏没藏人，几名民警还靠近草垛，我屏住呼吸让身体一动不动，感觉民警还用树枝等戳了戳草垛，幸好没扎到我。

夜晚更漫长，羊圈里的数十只羊好像知道里面藏着人，不时拱草垛。藏在里面的我总觉得外面有声音，好像还是在排查。由于担心被发现，不敢起来上厕所，小便都是躺着侧身就地解决。

17日4时许，牧民的儿子图西喊我，说电视开始说飞船快着陆了。我蹿出草垛，看到草原远处已有长长的搜索车队闪着灯前行，像火龙一般。天空也有直升机在盘旋。我知道，这时他们的目标是飞船，而不是我这样的记者。我让图西骑上摩托车，带着我一路跟着搜索车队。赶到现场时，费俊龙、聂海胜还没有出舱，此时我心里说，"这次赢了。"

采访结束后，我在回收舱前拍照留影，照片上牛仔裤裤裆湿了一小片，这成为日后同事常拿来取笑我的一张照片。

事后，据新华社报道，近千名媒体记者，当天第一时间到达现场的只有20余名。我很自豪，其中一名就是我。

执著

2007年4月，河北邯郸农行金库发生5100余万现金盗窃案，两名银行员工涉嫌作案潜逃。18日，疑犯马向景逃到北京大兴区被警方控制，官方消息只有一句话。

《新京报》作为北京媒体，不满足于在这一重要新闻上只报道官方的一句话，我们需要落地，需要到现场探访还原事件真相。

可地点在哪？通过公安的朋友，我们进一步缩小了范围——大兴区德茂庄，再没有更详细的信息了。领导将这个任务交给我，晚上七八点钟派我去找。

北京不同于其他地方，德茂庄作为典型的城乡接合部，原有村庄地域界定早被打破，范围很广，其中散落着商业区、出租区等，住着大量外地人。在这里找个人，打听个事，无异于大海捞针。

领导给我打气，知道不好找，才派了一名成熟的记者，希望能带来意外的惊喜。

打车到了大致的区域，我选择了街边的商铺作为突破口，一是这些商铺白天都有人值班，更容易发现异常情况；二是这些商铺人来人往，几乎成了小道消息的汇集地。

一路走一路问，两个小时问了数十家店铺，卖衣服的、卖食品的、开饭店的，竟然一点收获也没有，"你连地方都不知道，怎么打听到？"这是我听到最多的一句话。

此时已是晚上10点多了，我心里也打起鼓来，"回去还是再找"，不停做斗争。

新京报的记者有个传统，截稿时间前，记者要尽一切努力。

最后，我决定再找。

一家不起眼的火锅店，只有一桌食客在吃饭。我走进去，有些机械地问老板有没有听说这件事，老板摇了摇头。说了声谢谢，我刚想扭头出来，"你是干吗的？"突然那桌吃饭的两个男子问了一句。

眼前一亮，"有门"，我心说，差点儿喊出来。

我迅速靠近过去和两名男子详谈，为确认消息，我还让同行的实习生跑出去买了一张当天的报纸，让他俩辨认照片。

"就是这小子，被带上警车时就这个模样。"一名男子指着报纸上马向景的照片说。

为了得到更详细的信息，我提出让他们带我去马向景被捕的出租房。"有什么好处？"一名男子问。没问题，人有欲望就有弱点，我当即掏钱给他们结了饭钱。

随后，我跟着两名男子找到德祥街西十九条，距离那家火锅店约半小时步程的一间平房，当时平房内还有便衣蹲守（因为另一名疑犯还未落网）。

房东、目击者、联防员等等，知道此事的消息源，我逐一进行了采访。

字数不多，1000字，晚上11点半发回报社。

第二天，新京报独家报道这一消息，领导给出的点评是，"一个能给人带来惊喜的记者"。

直到现在，我经常给新记者讲这个并不算很大的采访案例，因为它很有典型性。

记者采访有时很靠运气，你采访了 100 个人，都不知道情况，没准别人打听了几个人，就碰到了知情者。但我要说的是，这种运气有时是偶然的，更多的时候是平时的积累促成的。

一名记者，一名合格的记者，你比别人多走一步，多问一句，运气就离你近一些。

质疑

2005 年 12 月 19 日，我会一辈子记住这一天，它是我记者生涯的一个耻辱。

那时正式入职新京报不到半年，呼叫中心转给我一个线索：据在六里桥渔公渔婆美食广场吃饭的一名顾客报料，广场用于观赏的一只海豹，当天误吃了一只打火机，生命垂危，怀疑是吃饭的客人逗海豹扔的。现在美食广场已向 120 救护车、宠物医院、海洋馆等部门求助，可能要给海豹做手术，取出打火机。

这是一个很有趣的题材，包含了爱护动物、城市人道德批判等一干"精彩元素"，我很兴奋，叫上摄影立即出发，路上还在畅想着，如果真要做手术，能不能做一个现场版，如果是哪个大学的大学生扔的，又能出一个清华大学学生用硫酸泼熊的类似事件。

到达现场后，120 救护车、动物园兽医、北京渔政监督管理站野生动物保护科人员等都在，媒体来了数十家，同城的《北京青年报》、《京华时报》就不用说了，中央电视台、新华社的记者都来了。

采访得很顺利，目击食客、海报饲养员、饭店方，包括急救部门和监管部门等，

一名 120 救护车人员说，救护人员只会给人看病，并不是兽医，并且给海豹拍 X 光难度太大。

一名兽医很担心，一旦打火机经胃肠的蠕动发生破裂，打火机塑料外壳的碎片、弹簧、铁片、齿轮都可能造成海豹内脏损害，有可能危及生命。"给猫狗看病还行，从来没治过海豹。"该兽医说。

北京动物园海洋馆兽医医务室人员建议，先观察一段时间，"欢欢"也许能将打火机自然排出。

北京渔政监督管理站野生动物保护科科长对此事件还进行评论，他说："扔打火机的食客是一个不负责的人。"

虽然没有出现给海豹动手术的场面，也没有找到具体扔打火机的人，这个新闻还是比较有意思的。回到报社后，饭店方还发来一个通稿，此时大批记者采访完毕，离开也就两个小时的时间。我当时还感慨，人家的办事效率真高，稿子写得非常不错，制作好 6 种标题，任你选择；文通字顺，有背景有分析；还善解人意地留下了进一步采访的联系人电话。不仅如此，文中还巧妙地穿插了"渔公渔婆店"的电话号码、产品质量、产品价格和就餐环境等信息。而且，紧紧围绕着海豹被伤害这一让媒体无法放弃的感人故事！

我当时还自信地认为，作为新京报的记者，我肯定不会被"渔公渔婆店"当枪使，去写那些宣传饭店的内容，我的职责是报道海豹的事情，"渔公渔婆店"只是作为事发地点和相关人员的职务背景出现。

通稿里的事实内容，我都采访到，所以也没在意这份近 2000 字的通稿。

当天央视、北京电视台都播发这条新闻，对那位扔打火机的食客表示了谴责。第二天，新京报刊发这条千字左右的新闻，主题为"据称价值 50 万海豹误食打火机"，副题是"可能有生命危险，打火机为食客投喂"。还配发一张大照片，一只海豹叼着小鱼。图说写着"误食打火机后，海豹欢欢将小鱼吞进去又吐出来。昨日下午，这只海豹吃下食客扔出的打火机，生命可能受到危及。"

除了《京华时报》，同城媒体都是按这个角度去操作的。

《京华时报》刊发记者任冠军采写的这条新闻，用的题目是《一饭店称"海豹误吞打火机"》，角度完全不同，指向这一事件是"渔公渔婆"为了自我宣传，编造炒作此事。起源是他觉得这份通稿太完善，不像一个企业人员两个小时就能写出来的，更重要的是他发现这份通稿创建时间是 12 月 6 日，是事发前好几天。

稿件中，他通过再次对目击食客进行采访，并设置了小陷阱验证。比如有两个食客一起吃饭，都说看到有人扔打火机了，除了海豹的内容外，他问一个食客当时吃的什么菜，该食客说吃的是鱼。他马上再给另一食客打电话，还是先问海豹的内容，期间假装不在意的说了句"你的同伴说你们当时吃的是虾对吧"，对方楞了一下，马上说"是是是"。就此他更相信自己的判断，虽然无法坐实饭店造假，但《京华时报》在稿件中写出了相关疑点，体现了质疑精神。在同城媒体比拼中一下子就绝对胜出。

我当时看到《京华时报》的报道，感觉被狠狠扇了个大耳光。

接下来通过几家媒体的联合调查,事实真相是北京一家行业报纸《今日信息报》的记者帮忙策划，没有人扔打火机，海豹也没有吞打火机，目击食客说的都是假的。我也因此多了个外号"豹豹"。

西方新闻学有谚：当你妈妈说"我爱你"的时候，对不起，请去核实一下。

娱记修炼手册

记者：勾依娜

干了几年娱记，在我看来，"突破"这个词，对娱乐新闻来说，含金量不高。很简单，明星依赖于媒体，他（她）需要曝光度。只有关于明星的负面新闻，才谈得上突破。最常见的负面新闻就是绯闻出轨，谁拍到拥抱接吻的照片谁就牛。但这种负面新闻很多时候就是一种炒作，或者明星自己炒，或者是明星找媒体配合炒，意在短期内提升人气或者作品的关注度，所以这样的负面新闻需要甄别，是不是纯粹的突破也需要考量。最严重的负面新闻就是酒驾、打人、吸毒，但为了挽回形象，一般情况下，当事人都会在风波稍微平息之时公开面对媒体，从周杰到高晓松，从谢东到满文军，莫不如此。2013 年到目前为止，最值得突破的娱乐圈对象，恐怕就是张艺谋了。

大家都知道，香港媒体是最八卦、最具有狗仔精神的，他们"扒"一个明星，可以全世界跟踪。国内狗仔的兴起，不过是最近几年的事，业内代表就是风行工作室，效力于《南方娱乐周刊》，很轰动的案例就是伊能静和黄维德"牵手门"和 2013 年初的董洁和王大治"激吻门"。虽然我个人认为这样的突破才是真正意义的突破，但显然这种突破，无论是人员配置还是内容导向方面，都不适用于主流媒体。

"这个人和我有半毛钱关系吗？他们结婚生孩子关我什么事啊？"初工作时，当我面对一个毫无兴趣的明星新闻时，会有情绪抵触，但这就是工作，而娱记的工作就是让你和明星有关系，至于怎么有关系，每个娱记都有自己的办法。所以，我也浅谈一下在《新京报》供职的几年里，我在娱乐新闻操作方面所积累的经验。

互联网是记者最好的帮手

每个人生活都是有轨迹的，绝大多数情况下，这些轨迹在互联网上都会有体现，比如博客，比如微博。2007 年 6 月，我和另外两名同事合作，推出了《叶京曝审片黑幕：广电总局称审片收费是违规》的报道，引起业内轰动。其中一位同事负责采访王朔，另一个同事负责采访叶京，我负责组稿并采访广电局。那时我入职不到一年，和机关单位没有任何联系，只是盲目地在网上搜索北京广电的电话，从总机开始打，一路查到审片中心，再查到该中心主任的手机。我清楚记得，当天一下午的时间我都是在打电话，不通，再查，再打，不对，再打……直到快截稿时才要到了手机，结果提供号码的人告诉我主任应该在飞机上，我又焦急地等了一段时间才等到对方开机，在十分钟内将早已准备好的问题问完。第二天稿子见报，北京广电致电《新京报》文娱部，反复询问该主任是否接受了我们的采访，我的回答相当肯定。

谁能想到，我是通过这么笨的方式，找到广电局领导的电话呢？这之后，只要遇到没有头绪的稿件，我都会上网寻找线索。这一年，我还做过《马天宇状告摄影师朱高波》的新闻。当年这名摄影师在网上发了几篇关于和马天宇的交往的帖子，直指马天宇是"同志"引起羽毛（马天宇粉丝）的声讨。随着事态扩大，马天宇以诽谤罪提起诉讼。当时跑法制口的新闻记者确定东城法院受理了此案，娱乐新闻部当天拿到消息后派我做这条稿，要求是当天出并要采访到双方当事人。马天宇很快找到，毕竟他在这个圈子里，但是那个摄影师怎么找？马天宇方面根本不提供任何帮助，我急得一时无措。当我仔细看了朱高波的帖子后，我确定他是在一个摄影工作室工作，然后我在百度上输入朱高波和摄影工作室两个关键词，很快就找到了这个工作室的名字和电话，居然是手机，拨通后，接电话的正是朱高波本人！

对，就这么简单。朱高波接受了我们的独家采访，虽然稿件仅撷取了几句话，虽然这并不是什么轰动性报道，但我对这则报道印象十分深刻。因为这篇报道，我第一次深深体悟到，只要你足够认真，足够用心，你就会在互联网上有所收获。

2009年6月，我采写了两个版的《走访昔日同学，邻居领导还原满文军成长轨迹》的故事报道。新闻由头就是满文军吸毒被抓，当时他还没有被放出来，已经有电视记者扛着摄像机"拜访"了他的出生地。通过网络上已曝光的视频，我拿到了确切的地址。当我踏入小村庄开始漫无目的地"扫街"时，我注意到了一户人家：敞开的铁漆大门，整洁的二层小楼，宽敞的院落里两位农妇在洗菜，门口坐着几位大爷在聊天。村民比较集中，有男有女且多是老人，适合采访。我上去攀谈，结果这几个人里就有满文军昔日的领导，领导又找来了村长，而村长又是满文军的小学同学……就这样顺藤摸瓜，摸清楚了满文军的成长历程。这里也有些小挣扎：根据村民爆料，我已经知道了满文军前妻工作和生活地点，但由于他的前妻已经再婚，我纠结了半天决定还是不要去打扰她。现在回头看，这是个遗憾：按常理推测对方开口的可能性不大，但试了，也许还有一线机会；不试，什么都没有。

回来组稿的过程中，在写到满文军现任妻子李莉的部分时，我发现这一块是盲点，我所掌握的资料仅仅是网友的爆料，且说法不一，真假不明。怎样才能获悉真实的情况呢？还是求助互联网。我注册登录到最早爆料的网友所在论坛，针对这名网友，实名提出采访要求，在得到对方的拒绝回复后，我又追问了采访线索，对方告诉我李莉的父亲曾在雪花冰箱厂工作，而雪花冰箱厂在朝阳区就有售后服务点。我在网上查到了其所在地——劲松。在劲松的工作地点，我遇到两名40多岁的财务大妈，对方向我证实了这名网友爆料的真实性。尽管这篇报道没有采访到满文军本人（当时也不可能采访到本人），但外围突破却让读者从另一个侧面了解满文军其人。

最近张艺谋"超生门"报道，也是外围突破报道的典型案例，没有当事人的证实或证伪，只有第三方的叙述性揭秘，真假留给读者自己去思考。我认为这种外围突破报道同样价值重大，从另一个角度"剖析"当事人（刻意炒作新闻除外），并敦促当事人出面发声。

从开始工作至今，只要我着手星闻稿件，我都会在第一时间内通过互联网寻找线索。不是有专家说过嘛："在优化的情况下，你只需要通过6个人，就可以结识任何你想要认识的人。"通过这些年的工作，我愈发相信，没有找不到的采访对象，只有不接受采访的对象。

积累圈内人脉

每个娱记都要有两个通讯录，第一个就是全国媒体通讯录，第二个就是明星号码通讯录，常用常更新。无论什么明星，只要接受过媒体的采访，通过媒体通讯录，你就可以很快地获悉这位明星的联系方式甚至更多的讯息。当然，你和业内同行的关系，靠的是你个人的维护。

这里我所说的圈内人脉，主要指和娱乐圈的关系。有一种娱记，左右逢源，进退有礼，在圈内和大部分明星包括幕后大佬关系都很好，和几位大牌甚至是好姐妹、好兄弟，这些大牌也愿意把独家专访给他们的记者朋友。由于公关能力突出，我暂且把这种娱记称之为"公关娱记"。我不否认公关娱记有一种独特的人格魅力，往往能拿到独家人物报道，凭借业内资源为其所供职的平台扩张关系网，更易被领导重用。而所谓的"公关"，在很多情况下也就是突破。我深知此点，并非常钦佩公关娱记，但遗憾的是，我做不了。暂且不考虑能力因素，在我潜意识里，我就不愿和明星走得很近，他们只是我工作的一部分。我不否认明星和娱记之间存在真正的情谊，但我个人固执地认为双方还是保持距离比较好，这样大家都没负担。我常常用一个极端的例子来证明自己这份固执的合理性："谁知道哪天你吸毒了？你是明星、是我的好友，但我是娱记。你说我是报还是不报，我要是报，我还能保持中立客观的立场吗？"

有时我也会困惑，媒体举办活动需要明星捧场，明星宣传作品也需要媒体来吆喝，这种互为利用的和谐关系，是否会让我们因碍于情面，仅仅停留在浅表的"娱乐"报道层面，却止步于对"新闻"真相做进一步的探究？

这个话题要深说，就跑题了，还是说回我的个人经验。我不是公关娱记，但我同样认为积累圈内人脉十分重要。据我所知，资深的八卦娱记（狗仔）在圈内都有几个"线人"，这些"线人"熟知各种小道消息，专门负责向娱记提供"情报"。就我个人而言，我认识几个圈内的小演员。他们在圈内默默打拼多年，也没成功跻身二三线，在没成名前，媒体绝对不会"关照"他们一眼。但也正因为他们入行早，他们多多少少会和知名艺人挂上关系，比如在同一个剧组里待过、在某明星未成名前曾经与其合作过、身边有演员或导演朋友和某明星熟识等等。此外，我还与几个制作人和经纪人关系不错，他们都是幕后工作者，但因为和大量的明星合作过，对一些问题也很有发言权，比如明星的片酬、工作作风等。

在这里我要提到我一个比较好的圈内朋友——小月。2008 年 4 月，我奉命去云南腾冲，作一篇关于《我的团长我的团》剧组事故调查的报道。在芒市公交车站，我花了几块钱坐上了去往腾冲的小巴。整个巴士除了司机和我，还有一位当地的农民老伯、一个年轻时尚的女孩。天色越来越黑，山路越来越陡，也许是因为害怕，年轻女孩主动和我搭话。在攀谈中，我得知她叫小月，也是一名演员，山东人，在老家念完艺术院校后当北漂，经过几年打拼，在北京买房。她这次去腾冲，就是去"团长"剧组看望她的男朋友。4 个小时的山路中，两个女孩很快成为无话不谈的好朋友。在腾冲停留的一周时间里，我忙着采主创，她忙着和久未见面的男友谈情。回京后，我们也保持着联系。

2008 年下半年，我参与到新京报社编著的《30 年，日志中国》丛书的撰稿工作中，我要写一篇关于港剧引进内地的文章。当时我不认识任何一位香港电视剧导演，但我知道小月刚出道时为了赚钱，拍了很多没有在内地播出的港剧。我通过小月联系到了《射雕英雄传》的导演刘仕裕，当面听他讲述翁美玲的故事，完成了这篇文章。

2011 年 4 月，《传闫妮已离婚,结交 80 后小男友》的消息在网上传出，我负责跟进、求证此条消息，我的第一反应是打电话给小月。因为我记得小月说过她和闫妮曾合作过，两人的关系很好。在电话中，小月非常肯定地告诉我，"闫妮姐早在拍《武林外传》前就已经离婚了，这个大家都知道。"得此信息后，我致电闫妮的宣传方，主动"坦白"并"套"出了对方的证实，第二天稿件独家发布。

是的，这个圈子并不大，一个不起眼的小演员，就会知道很多，除了大明星的八卦，还有小明星的花边。如果你做行业类稿件，这些小演员也会提供很多现象和内幕，比如演员合同、助理级别、剧组安保等等。倘若你还想做深入性的解析，那就再采访熟悉的制作人。只要你有几个这样的圈内朋友，你就会对圈里的事知道个七七八八，并会逐渐建立起理性的总体认知。而绝大多数的娱乐专题，都可以通过这些人找到一手资料，并在不同的采访对象中得到充实和完善。

最后，我要谈谈我工作的平台。我 2006 年入职时，《新京报》已在业内积累了良好的口碑。特别是最近两年，我越发感觉到这个平台的"分量"。就娱乐这一块，很多时候，当我自报家门提出采访要求后，对方一听说是《新京报》，马上答应。这并不是吹嘘，我相信我的同事也会有这样的感受，很多经纪人和经纪公司都愿意给我们独家报道。当然，这里面有记者个人长期努力的因素在，但无法否认的是，《新京报》的魅力才是根本，记者不过是桥梁，有的时候对方帮你搭桥，有的时候你要自己找材料搭桥，但只要你这边风景足够好，总会有想过桥的人。

《新京报》良好的口碑是大家一起创造的，每一个曾经或现在在《新京报》供职的人都有功劳，这是个过程。作为其中的一员，你有责任将之延续。单就娱乐新闻而言，对方给你独家采访的机会或者独家爆料，就是信任你这个平台，那你就应该对得起这份信任，说真话，写真事，努力做到不说假话，因碍于情面等因素，不能说真话的时候，宁可不说，坚守原则，就是在创口碑。我承认，很多娱乐新闻会让明星很不堪，但只要它是真实的，而非审丑炒作，我就会对作者产生几分敬意——对其最大程度追求真实的敬意——而这也就是突破的意义所在。

新闻突破中思维方式训练研究

记者：李 超

茫茫人海中，如何找到你要找的人？先从实习生时候的一个故事说起。

2008 年，位于无锡高新区的一些合资企业出现罢工潮，这些工人是为争取更高工资。当地有这样的企业千余个，每个企业里大大小小的车间也有数十个。而罢工一般是发生在某些车间。

我当时接到任务是在一天时间内找到罢工潮的工人。这些工厂遍布在园区里，加上工厂的严密安保，这样的任务确实很艰巨。如果雇一辆摩托车，花时间挨个儿工厂去找，如大海捞针。工厂除了午饭和晚饭时间工人有机会出工厂大门，其他时间大门紧闭。若要进入工厂，则要登记并解释来这做什么或者找谁，这对我来说，也是很难。

如何在短时间内找到这些工人？

我当时想到，一般积聚的劳动密集型企业附近都有大量的城中村，工人在此居住。当时了解到这样的城中村有七八个，但要在城中村中找到这些工人，也是大海捞针，如果在村子里逢人便打听，似乎也是很耗费时间的工程量。

解决这个难题，我首先想到了位于城中村里的黑职业中介。工人进入工厂，一般都是经过中介介绍或者老乡介绍。如果有工人因为工资问题罢工，最后离开工厂，要重新找工作，也会找中介，找中介时也少不了寒暄和抱怨，比如会抱怨说工厂压榨工人。因此，中介成为工人交流信息的枢纽和"驿站"。

果不其然，在城中村里，我问到第 5 家中介时，便得到了答案。中介公司的老板很热情地告诉我他所了解的信息，甚至提供工人的手机号码，因为这些工人在他那里留下了求职信息。

5 年前我做实习生的时候做了一道排除法。5 年来，这种方法依旧屡试不爽。突破，是考核记者能力的很重要一方面。我常这样形容突破之难，在茫茫人海中，你要找到你要找的那个人。

常有刚入行的记者向我请教突破的技术，与其说是技术，其实我更愿意称呼为一种思维方式的训练。这些思维方式包括发散性思维、逻辑演绎推理等。

采访是让记者置于矛盾冲突之中，去了解聆听和质疑。记者要进入一个陌生的圈子，这个圈子里利益错综复杂，每个人都有可能在面对记者的时候，因为自己的利益问题而说谎。真话、谎话交织的世界里，如何捋出头绪，尤考验记者的判断力，这种判断力背后就是经验积累。

当很多记者为采访不到人，或者无法突破现场而困惑的时候，我更相信坚持和耐心是制胜的法宝。但在目前的媒体激烈竞争中，光突破已无法满足媒体之间的竞争需求，现在着重提出的是突破效率问题，比如在几个小时内你要找到被采访者。所以在坚持这些方法论的同时，我们或许只能祈祷命运的青睐。

第一部分：思维方式

第一，演绎推理，顺藤摸瓜

2011 年 6 月，平谷区马昌营中心小学门口发生 3 死 21 伤的车祸，肇事司机梁某属疲劳驾驶。梁某去顺义区的石门蔬菜批发市场进货，开车回到平谷区，在路上发生车祸。发生车祸的小学门口是一条偏僻的水泥路。

我接到任务要找到肇事司机的家。怎么办？一般在找不到具体线索的时候，我觉得去了解当地一些常识性的社情特别重要，这常常会成为查找真相的大前提。

我先依据常识来推断。从顺义区石门蔬菜批发市场到平谷区是一条直通的省道顺平路（东西走向），而发生车祸的地点是在平谷区云打路（南北走向）马昌营小学的门口。小学离开市场有近 40 公里，在云打路东边 1 公里处有一条南北走向的省道密三路。

我当时考虑到，车祸发生时间是早上 6 点多，当时上班的人并不多，肇事司机为何走了 30 多公里，没有走密三路，而是选择小路云打路，而且这条路坎坷，不适合开车。一系列问题出现在我脑海里。这说明，司机的家就在云打路附近，甚至就在车祸点不远的地方。跑到这么远的地方去进货，他家在哪里？如果沿着云打路挨个村打听，然而调查时间有限，怎么办？

我要找到司机家住址。去哪里打听很重要。开车走京平高速在密三路下高速。路边有一个公交站台，还有一家小型超市。

进一步推理，一个惊动当地的车祸发生，这种消息会很快得到传播。传播的交集就会在车站、商店等地方，这家商店自然成为所有信息汇集并且分散的点。我借买矿泉水之机与商店老板唠嗑，老板果真知道这个司机是哪个村的。

北方的村庄很大，一个村就会有上千户，村民之间互相不认识也很正常，更不用说租户了。我在村里找村民问，大家都不知道。

我想到，在这个村子里，如果发生车祸，村干部是最有可能知道这些信息的。

很幸运的是，我遇到了村长，在他的带领下，找到了司机的家。

这是我遇到的一个突发新闻的小案例，但是演绎推理帮助我节省了很多时间，也引领我走向"柳暗花明"——减少了我采访时的焦虑感。演绎推理，从"一般推出个别"——寻找线索的方法，在新闻调查中是常用的。

在采访中，时常会有除整个核心事件之外的重要信息被记者所忽视。其实，最简单的方法是，把自己置身于整个事件中，如果自己作为当事人遇到这个情况，会怎么做？这种换位思考会让你发现事件中违背常理的地方，恰恰是这些因素，可能是导致事发的原因。

比如，在这次车祸中，车祸时间是6：40，肇事司机买菜回来路上发生车祸。相隔40公里的蔬菜批发市场，肇事司机从家里出发去进货，可能要在凌晨两点多。对此，我们就有理由推测肇事司机是不是因为疲劳驾驶导致车祸。另外，每天来回80多公里去进货，可见这个司机家境并不好，为生计所迫，后来事实证明也如此。

当然，这些都属于发散性思维的范畴。

第二，发散性思维，漫天撒网

发散性思维在新闻调查中，主要是最大限度用来搜集各种可能性，找到其中一种有效的可能性后，用推理的方法来找到新的调查线索。

2011年5月16日，通州区张家湾镇一架喷洒农药的小型直升机低空作业时坠毁。

对突发报道而言，第一时间赶到现场才是王道，但我到现场后，同行媒体已提前到了1个多小时。我错过了黄金时间。最吃亏的是，警方封锁了坠机现场，远远只能看到直升机残骸上盖着尼龙布，露出直升机尾翼上一块白板。

晚到现场最吃亏就在此，到了现场，连直升机型号都无法确认，如何获得优胜于同行的独家资料。当时在现场很紧张。露出的机翼白班上的一串字母引起我注意，我抄下这些字母，打电话给一个飞机发烧友的朋友，确定了飞机机型是罗宾逊 R44。确定型号后，我又打电话给另外一个朋友，他是北京一家通用航空公司的老板，他公司的业务也有用直升机喷洒农药，发生坠机的公司应该与他是同行。我咨询他是否了解哪家公司的罗宾逊 R44 正在北京喷洒农药，电话那头，这位朋友很热情地告诉我湖北的一家公司与北京签订了业务，喷洒农药的正是罗宾逊 R44，并提供了这家公司老板的手机号码。庆幸的是，当别人还在现场探究坠机原因时，我已经拿到了坠机公司的老板电话。当同行还跑到离开现场数十公里外的城区医院去找伤者时，我已经电话打通了这位老板电话。当然，我是第一位联系上老板的记者。

也许有人会有异议，认为很多人不具备这样的人脉资源。但其实每个人身边或多或少有各种兴趣爱好的朋友，发挥他们的人脉资源作用，是如此重要。你身边的每一个朋友的存在，都有这种人脉资源的价值所在。这个案例，我们所探究的就是用扩散性思维在新闻现场，大限度地搜集各种可能性。

北京 4 号扶梯事故的时候，紧急之中要寻找电梯专家，这对记者来说是一个冷门专业。我当时就不断在网上搜索各种专家名单，偶尔就搜到工商联下面有个电梯协会，但是电梯协会办公室电话一直无人接听。想到关键词"工商联"，我第一反应是找跑工商联的记者，第二反应是身边是否有朋友与工商联相熟。突然想起一位朋友，他是工商联下面的汽车协会的秘书长，他是否与电梯协会的人相识呢？他们毕竟属于同一个系统。电话打过去，这位朋友果真认识协会的秘书长，他还帮助引荐。

第二部分：心理方法
第一，寻找权威，借力打力

如果上述两种思维方式的运用，只是帮助你如何找到你要找的人。而如果能摸透被采访者的心理，则可以让他们更好地接受你采访。

上述坠机案例中，我找到了那家公司的老板电话。有什么方法可以让他接受我采访，或者难以拒绝我的采访？在打电话前，我先给他发了个短信，告诉他我的身份，并且告诉他我是谁谁的好朋友。我提出来的这位人，是航空圈里非常权威的人物，圈子里的人都很尊敬他。发完短信后 5 分钟后，我再打电话给这个老板，电话那头是很热情的声音。

这个权威人物在每次采访中显得尤为重要，每个记者的身边都要有这样的权威人物来帮助你。这种权威人物的出现，是帮你"贴金"，提高权威性，或者说可以让你"狐假虎威"，帮助你拉近与被采访者的距离。

2011 年，我曾对北京私人飞机圈子进行调查。这个圈子很小，封闭性强。我一直想采访平谷区的私人飞机老板张会玉，这位老板在 2008 年他的公司发生坠机后，就很少在媒体露面。我曾多次短信电话采访他，都遭拒绝。

直到认识华北民航局的一位领导，这位领导发现我对航空领域的热衷，非常愿意给予一些帮助。

当我提出要做一个北京通用航空发展的调研时，他非常支持。在提出我采访遇阻时，他主动说，联系张会玉的时候可以带上他的名字。最后与张会玉的电话沟通就非常顺利。

通用航空是一个专业术语，与官员打交道时，因此具备一些专业知识尤为重要，专业术语容易成为共同语言。

官场中的共同语言很多，比如有些地方官员喜欢听政治段子，也有一些官员喜欢听黄段子。身边有位同行做得很专业，平时与官员经常有短信沟通，平时少不了各种段子。这位同行每天都收到很多段子，然后将这位官员发来的段子，发给另外一个官员，从而得到"交流"。

我在采访时习惯性会有这样一些细节。在某局采访，会让宣传部的工作人员引见一下该局领导，与领导见面之后，采访会顺利很多，这好比拿着一把"尚方宝剑"。

这里需要说明的，和级别高的官员交谈，最好要有相关的知识准备，不卑不亢，以诚相待，就能赢得对方的尊重和信任。并且，涉及到对机构的采访，具体办事员由于怕事，往往会设置采访障碍，相反级别较高的负责人比较重大局、重事理。所以，如有机会接近高级别官员，就会有事半功倍的效果。

第二，不按常理出牌，借机行事

2011 年做辽宁盘锦报道时，我们独家采访到了开枪的警察张研。因为我是第一家报道此事的记者，这个事件所引发的舆论超过预期。

按照正常情况，官方在发布新闻时都会寻找新华社或者人民日报等媒体。当时，持续高涨的舆论让盘锦兴隆台区政府非常头疼。在与宣传部常务副部长沟通时，对方一直对是否安排我们采访有所顾虑，我为了打消她的顾虑，尝试着说服她，跟她说"解铃还须系铃人"。我并没有可以刻意强调他们必须接受采访。但这位官员还是很快明白我说话的意思。

采访张研时，官方要求不能拍照。我就跟带着我们采访的宣传部长说，现在网上质疑声很多，很多网友认为张研受伤的消息是骗人，都说他躲在家里，一点事都没有。如果说我们能拍一张他手打着绷带，在医院病房里的照片，照片的说服力比多少文字的表达都要有说服力。最后，我们顺利采访到了张研，并拍到了独家照片，这些照片后来在网上引起很大关注。后来，这位部长后悔当时让我们拍照，我就告诉她，政府的公信力现在日趋下降，提高政府公信力的最好办法就是公开透明。在这样的重大事件中，最可怕就是对政府的谣言诬陷，只有公开透明才能击破谣言。这位部长最后还是同意了我的观点。

这次之所以能说服成功，是因为比较好地掌握了她的心理特点。对一些不愿接受采访的对象，是应该尽可能地多搜集情况，分析其心理特点，根据其特点，找到沟通的突破口。

其中还有一个小插曲。我们在采访完警察张研后，发现还有一些问题没有采访充分。但是我们第二天对张研的报道让当地警方非常不满，公安局政委还专门打电话责怪一番。报社要求再补充采访张研。这时候，如果再跟宣传部提要求采访张研，宣传部肯定不会再同意，因为他们会怀疑我们的企图，甚至会引来禁令。如果要联系公安局，公安局的领导正在气头上，再联系采访只会火上浇油。后来，我的同事朱柳笛就跟着摄影记者吴江，两人买了一束鲜花（第一次去的时候没有买花），硬着头皮直接去了医院。他们这次是去"道歉"的，在病房门口，民警堵在门口不让进。朱柳笛说认识张研。民警进屋跟张研说了下，张研一看是采访过他的记者，也让进来了。见门之后首先是道歉，因为自己的报道引起这么多网友的误解。道歉完就坐在一起聊天，很轻松式的问话，把想要采访的问题，融入在聊天中。

那么，张研为什么会第二次接受"采访"呢？我们来分析一下他的心理。

第一，张研看到采访过的记者，也算熟人，看着捧着鲜花的女记者，自然很难拒绝。

第二，也许张研根本没有看到报道，不知道自己如何被网友痛骂，这就是信息不对称。

第三，张研作为派出所副所长，也算是官员，开枪打死人，在形象上受损，在一定程度上他很有在媒体上表达的欲望，以此挽回自己的形象。

第四，人很难拒绝一些真诚的表达形式，比如道歉、告别等，但一有见面的机会，话里藏刀，就有采访的机会。如何采访到，就看记者的本事了。

欲擒故纵，借机行事。采访张研就是借道歉之机采访。这种采访方式不是按常理出牌，也会让对方措手不及，来不及应对。甚至采访结束，对方还不知我们的目的。

第三，信息不对称，浑水摸鱼

突发事件中，警方等部门都对现场封锁。尤其是大的恶性事故，更是重兵把守，插翅难进。不能突破进入第一现场，对采访而言是硬伤。

一般说来，若是比较重大的突发事件，都会有多个部门人员到场处置，如警方、急救、安监、宣传和属地基层机构等。这些人员彼此平日不一定熟知，现场人头混杂，不大可能一一核实查验身份，在这种信息不对称中，"混入其中"就比较容易。

2010年伊春空难后，有大量的伤员转到北医三院。发生空难的飞机上，最高级别的官员是人保部副部长。我在医院采访，刚好遇到卫生部专家组，我就跟着队伍走。一路有十道左右保安把守，但我最后还是跟着专家混进了会议室。

现场非常复杂，有医院领导、医生，有卫生部官员，还有刚从前线回来的医生等，互相之间都不认识，也不会专门去问身份，所以在这个信息不对称中"有机可乘"。

跑了几年突发，总结一些混现场经验，特别是在穿着、表情、言语上的讲究，觉得优秀的记者是"影帝"。

在做过期火腿肠调查时，我就穿上迷彩裤，腰间挂一包，装扮自己像小贩。

还要学会装领导。过现场关卡时可向工作人员微笑点头致意。进入现场或会场后，不要坐在太显眼处。表情严肃，听取领导讲话要点头。

普通话太标准也会令人生疑，所以带着方言味的普通话更适合伪装。但通常情况下，尽量少说话，言多必失。

以前有一个同事喜欢采访时带着一个茶杯，手夹公文包，这种装扮在形象上会让人误认为是领导秘书。在官场社会里，每个人都会观察，也忌讳问对方身份。

一些特殊的符号信息也很重要。2010年，在建的西三旗地铁站塌陷，导致天然气管道断裂。警方将现场拉上警戒线，所有媒体记者都被围在了警戒线外。当时我看到戴着安全帽的施工人员可以出入现场，也不用出示证件。我就去另外工地上借了一顶安全帽，就可以自由出入现场了。信息不对称，安全帽成为识别身份的通行证。